ボディケア、リフレクソロジー市場とエステティックサロン市場を併せた、2017年の市場規模は約3,500億円といわれ、微増傾向が続いています。身体の悩みを抱えている人や、美しくなりたいという人をサポートしているのが、街のサロンです。

大手チェーン店から小さな個人サロンまで大小のサロンが目につくほか、居住用マンションの1室や自宅で経営しているサロンまでさまざまな形態があります。

昨今の傾向としては、低価格のサービスが求められているほか、高齢者や男性客のニーズも高まってきているようです。競争が激しく、淘汰されるサロンが多いのは確かですが、ビジネスチャンスはまだまだ残されています。

誰でも、はじめは手探りのスタートです。施術は優れていても、経営面での知識がないと、サロンを維持できません。またスタッフを雇ったり、お金の計算は面倒と思うかもしれませんが、個人経営者なら知っておきたいところです。

成功するサロンには、長続きするだけの理由があります。本書では、そのポイントがわかるように、内容を絞ってできるだけ易しく解説するように心がけました。

あなたも、お客さまに喜ばれるサロンをはじめてみませんか？　きっと役立つヒントが見つかるはずです。

必ず成功する! お店開業実用BOOK

小さなサロンのはじめ方

河出書房新社

働き方に合わせて「儲け方」を選べるサロン開業の魅力

自宅サロンなら少ない開業資金でOK

女性の身体の悩みを取り除き、もっと美しく、元気にしたい――そんな願いは同じでも、サロンの開業と経営スタイルには3通りの方法があります。その違いを見てみましょう。

自宅サロンは物件取得費がかからないので、少ない資金で開業できるスタイル。スタッフを雇わず、オーナー自身が施術を行うことが多く、人件費もかからないのでリスクは少ないものの、集客力を高める工夫が必要です。

開業資金に余裕がない人や、子育てをしながら働きたい人、副業としてはじめたい人も多いようです。

賃貸物件やテナントに出店する前のステップとしてチャレンジしたり、万一うまくいかない場合に撤退することを考えると、比較的容易にはじめられます。

居住用マンションでの開業は広告宣伝を効果的に打つ

次は、賃貸マンションなどの居住用の部屋を借りて営業するスタイル。商用利用可能な物件は少ない、改装などに制限があるというデメリットはありますが、立地が選べたり、テナントになるよりも賃料などの負担が軽いのがメリット。

物件が借りられてもエントランスに看板が出せない場合も多く、インターネットに頼らざるを得ない面もあります。そこで効果を発揮するのが、口コミや紹介からの集客です。やり方によっては自宅サロンよりも売上を増やしやすくなります。

テナントでの開業には経営実務の知識も必要に

そして3つめが商業ビルのテナントとして開業するスタイ

開業資金の内訳

開業場所	賃貸マンション
物件取得費	約80万円
内外装工事費	約100万円
設備費	約30万円
備品	約20万円
消耗品	約15万円
合計	約245万円

6畳ひと間にマットが置ける広さがあれば、マッサージ系のサロンが可能。

開業資金の内訳

開業場所	自宅
物件取得費	---
内外装工事費	約50万円
設備費	約20万円
備品	約10万円
消耗品	約10万円
合計	約90万円

デスクと椅子、道具さえあれば狭くてもOK。ネイルサロンなどに多い。

開業場所	テナント
物件取得費	約200万円
内外装工事費	約100万円
設備費	約100万円
備品	約100万円
消耗品	約50万円
合計	約550万円

開業資金の内訳

資金さえあれば、広さやデザインなども自由に選べるので、オールマイティ。

こんな人に向いている

自宅サロン

育児をしながら家事と仕事を両立させたい人、開業資金を極力抑えたい人、など

賃貸マンション開業

開業資金を抑えたい人、プライベートと仕事は分けたい人、など

テナント開業

スタッフを雇って開業したい人、十分な開業資金が準備できる人、いずれ多店舗展開をと考えている人、など

ル。契約時に保証金が必要になるなど多額の資金が必要ですが、看板も出しやすく、人通りの多さや周辺店舗との相乗効果によって集客が期待できます。

経営実務に強く融資制度などで十分な開業資金を準備できる、またすでにお得意さまを獲得しているのでスタッフを雇用できる人などに向いています。

物件によっても違いますが、とくに路面店は開業時点で存在をアピールできるので、経営を安定させやすい面があります。売上をさらに上げるなら、スタッフやベッド等の数を増やすことも一つの手になるでしょう。

注意したいのは、資金が少ないからといって自宅サロンで妥協したり、立地がよいからとテナントを選んだりしないこと。自分の得意分野はどうすれば生かせるのか、どのようにお金を稼ぎたいのかを考えましょう。

個人経営サロンの「儲けの仕組み」

お客さまがサロン選びで重視する4大条件とは？

個人サロンをはじめるからには自分のやりたいお店を実現したいと考えがちですが、何よりも大切なのは、お客さまに満足してもらえるかどうかです。

リクルートライフスタイルが行った「エステカスタマー調査2017」によると、継続的に同じサロンでフェイシャルエステを受けている顧客の期待値が高い条件は、「効果が長続きする」こと（63・0%）、そして、同率で続くのは「メインメニューの技術が高い・上手」「勧誘がしつこくない・強引ではない」「料金がリーズナブル」となっています（60・0%）。

反対にこんなサロンは嫌だと思うマイナスポイントとして高い割合を示しているのは、「施術が丁寧でない」「勧誘がしつこい・強引」「スタッフの接客態度がよくない」などです。

このように、お客さまは施術による効果や接客態度、適正な料金設定を重視しているのです。大手チェーンが効率重視の割安価格を売りにするなら、個人サロンならではの、お客さまの要望に応じた細かいサービスを生かすべきだといえるでしょう。

サロン経営者として必要な知識と視点を持とう

個人経営では、基本的に自分以外に頼れません。サロンを運営していく経営実務の知識と経営者の視点が必要です。

そこで、毎月どれだけ利益があればサロンが継続できるか考えてみましょう。

たとえば自宅でネイルサロンを開業した場合、諸経費を月に8万円とします。客単価を5000円とすると利益とトントンになる売上高（損益分岐点）である8万円を稼ぐためには16人のお客さまが必要です。

さらに20万円の収入を得たいと思ったとしたら、月に56人の来店が必要になり、20営業日とすれば1日平均で2・8人の来店客が必要です。

利益を出す売上高を見極めいち早く経営を安定させる

貸店舗でスタッフを雇った場合、さらにハードルは上がります。家賃や人件費といった諸経費がさらにかかるので、損益分岐点、来客目標人数も上乗せしなければなりません。

たとえば家賃15万円の賃貸マンションで、時給1000円でスタッフ2人を雇い、1日8時間営業、月20営業日とします。

諸経費8万円と借入金の返済が10万円と仮定すると、固定費は65万円。客単価5000円

損益分岐点で売上目標額を決める

損益分岐点とは、売上高と支出合計額が同じになる点。つまり、利益も損失もない売上高を指す。このポイントから売上が高くなるほど、利益も増えることになる。損益分岐点は下の計算式によって求められるが、目標とする利益を達成するためには、どのくらいの売上が必要か算出するためにも活用できる。

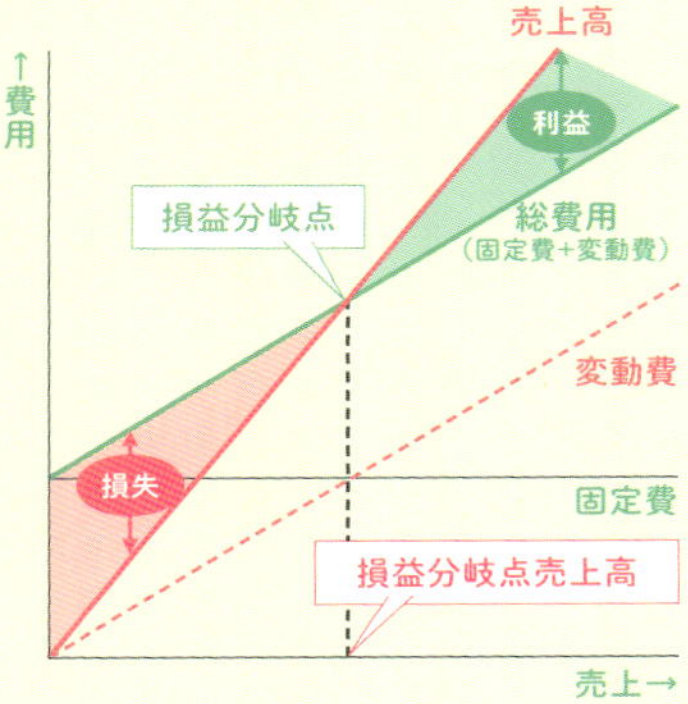

損益分岐点＝固定費÷（1－変動費率）

●固定費65万円のサロンの損益分岐点は？

＝固定費÷（1－変動費率）
＝65万円÷（1－0.6）
＝約163万円

●目標売上高を損益分岐点売上高の10%とすると

＝約163万円×1.1
＝約179万円

この目標売上高を達成するのには月25日間営業の場合、1日の売上は7万1,600円が必要になる

固定費

売上の増減に関係なく、毎月一定してかかる費用。おもに家賃や人件費など

変動費率

おもに材料費などを変動費といい、売上高に占める割合を変動費率という

で損益分岐点をクリアするには月に130人、オーナーの収入20万円を確保しようとすると170人、1日平均で8・5人の集客が必要になります。

このように、利益を出すためには毎月の売上目標を立て、経費をきちんと払っていけることが前提になります。また、収支のバランスをよく考えたサロンづくりをしなければいけません。

売上を上げるためには、客単価を上げる、来店客数を増やす、物販に力を入れるなどの方法が挙げられますが、もっとも有効なのはリピートしてくれるお客さまを増やすことです。

定期的に来店してくれる固定客が増えれば、新規客を獲得するための余分なコストを抑えられますし、より大切なお客さまに向けて投資を集中できます。その結果、売上は安定し経営の見通しが利くようになるのです。

経営を安定させる鉄則！「リピーターづくり」4つのポイント

ロイヤルカスタマーを増やし リピート率8割以上をめざす

リピート客をどれだけ確保できるかが、個人サロンの成否にかかわってきます。成功しているサロンの顧客のうち、リピーターが占める割合は8～9割といわれますから、その存在が重要なことがわかります。

リピーターづくりのおもなポイントは4つ。その第1は新規客のなかから再来店してくれるお客さまの割合、つまりリピート率を上げることです。長期にわたって何度もリピートしてくださるお客さまは、〝ロイヤルカスタマー〟としてサロンの経営に欠かせない存在です。

たとえば次回予約をすると割引になるサービスや、定額コースをつくってお得に利用してもらう方法などもリピート率向上につながります。

第2は来店間隔が少し空いているお客さま、このままでは失客につながりそうな休眠客を再来店につなげることです。

DMなどで再来店を促すほかに、SNSなどを通じてお客さまとコミュニケーションをとり、失客の回避につなげるサービスなどもありますから、利用を検討してみるとよいでしょう。

来店サイクルと稼働率 ともに高めて経営安定化

第3は来店サイクルを上げること。半年に一度より3カ月に一度、月に一度と、来店の間隔を短くして来店回数を増やす、または定期的に来店してもらえるような仕組みづくりです。

たとえばホームケア用の化粧品販売で効果があると、自サロンを思い出してもらえたり、来店動機にもつながるでしょう。

第4は稼働率を上げる工夫で

Point 1 リピート率を上げる

はじめてのお客さまが再来店してくれる割合を上げること。次回予約をすると割引になるサービスや、定額コースをつくってお得に利用してもらう方法などが基本。

リピートしてもらうには「自分に得意なものを見極めること」。ターゲット客を絞り込み、自分がイメージする客層にピンポイントでアプローチ。(Renabeau 14 ページ)

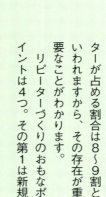

Point 3

来店サイクルを上げる

たまにしか来店しないお客さまの来店回数を増やす、または定期的に来店してもらえるような工夫を。自サロンを思い出してもらえるホームケア用品の販売をするのも手。

ホームケア用品はどれを選べばいいか迷う人が多く、サロンで扱っているものなら安心して買っていく人が多い。(mars)

Point 2

リターン客の誘導

来店間隔が少し空いて失客につながりそうな休眠客がいたら再来店につなげること。DMなどで再来店を促すなど、お客さまとコミュニケーションを取ろう。

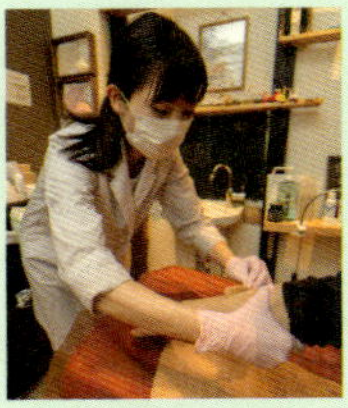

ワンコイン感覚で悩みを解決できるオプションメニューが人気。「うちに来れば何かあると思ってもらえるサロン」をめざしている。
(mars 52ページ)

Point 4

稼働率を上げる

スキルアップで施術のスピードを上げ、対応できる客数を増やしたり、予約と予約の間で無駄な時間をつくらないような予約の取り方を。

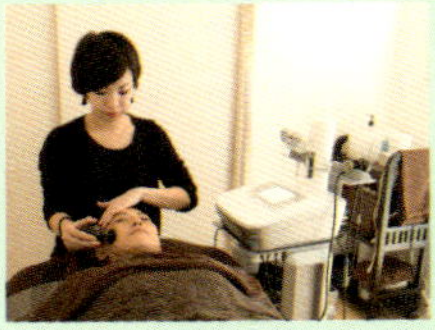

「予約が取りにくい」というお客さまのことを考えて、もう1店舗あったほうがいいと、オープン2年めに2号店を展開。(ki.ha.da 34ページ)

す。サロンの性質にもよりますが、予約の取り方によって稼働率は大きく変わります。

４ページの損益分岐点の話で１日当たりに必要な来店客数を算出しましたが、この人数をつねに上回っていれば確実に利益につながります。

技術を向上させて施術のスピードを上げ、対応できる客数を増やしたり、予約と予約の間でスタッフが手持ち無沙汰になってしまうような時間を減らせるような予約の取り方を工夫してみましょう。

たとえば遅刻や無断キャンセルの多いお客さまはお断りする、スタッフの手が空いている時間はＳＮＳでリアルタイムで発信し、当日予約を受け付けるなどの方法が考えられます。

そして何よりも大切なのは、料金以上の価値を感じてもらうこと。それが決め手になります。

Contents

第2章　コンセプトを固め、堅実な資金計画を立てる

第3章　施術メニューづくりと物件選びのポイント

第4章　居心地のよいサロン空間をデザインする

第5章　効果テキメン！的を絞った集客プランのつくり方

column

プラン

CONTENTS

第1章では、人気10店のサロンを4つのカテゴリに分けて紹介。
そのカテゴリとは…

Category 3

ネイル、ブラジリアンワックス…注目のサロン

自分をきれいに見せたい女性の心をつかむだけでなく、悩みに耳を傾けるのも仕事のうち。そんな人と人とのつながりも生まれているサロンのカテゴリ。

Category 4

心と身体をときほぐすマッサージサロン&カフェ

日常の疲れを取り除く施術を得意とし、オリジナルなお店づくりによって、さまざまなお客さまを迎えて評判を呼んでいるサロンのカテゴリ。

第1章

人気サロンに学ぶ 開業&経営

サロンと一口にいっても、さまざまな施術を行うお店がある。
近年は美容矯正や小顔、またオリジナルメソッドをうたったサロンなど、
〝癒し〟にとどまらないトータルな美を追求するお店も注目されている。
いずれの人気サロンにも共通しているのは、
お客さまの満足度を高めてリピート率を上げているところ。
では、実際にどうやればお客さまの心をしっかりつかめるのか?
まずは10店の人気サロンを訪れて話を聞いてみよう。

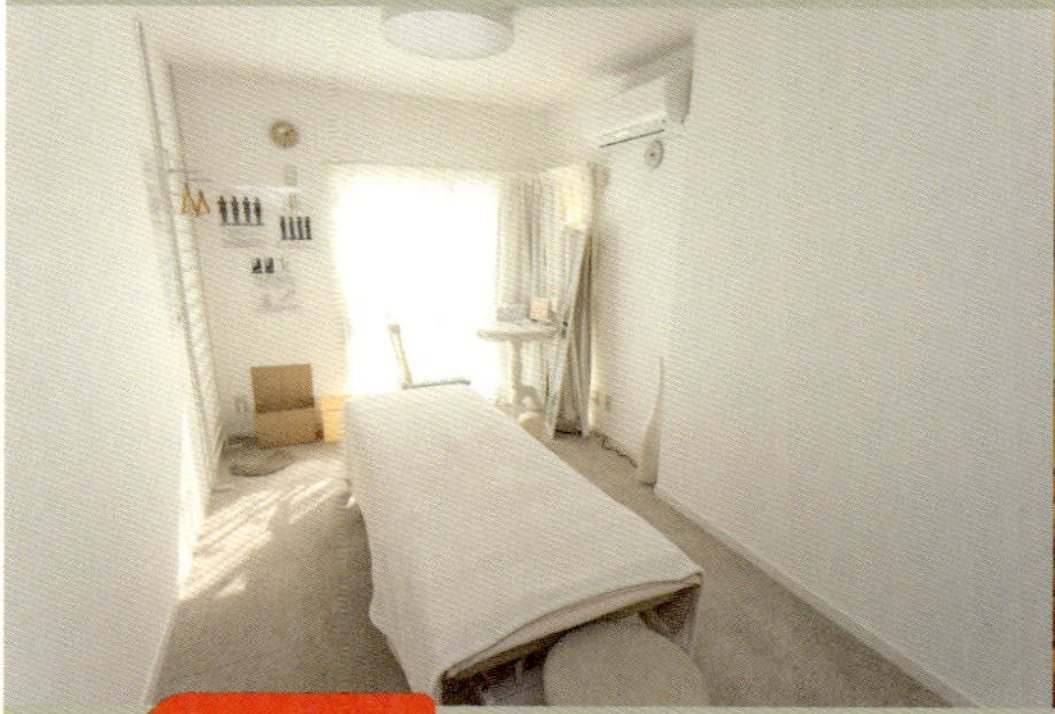

Category 1

お客さまの「美」に向き合うトータルビューティーサロン

健康と美を取り戻すためのアドバイスをはじめ、自ら編み出したオリジナルメソッドを駆使して、理想的な身体をつくるサロンのカテゴリ。

Category 2

心地よい空間で癒すリラクゼーションサロン

都心の一等地のマンションや、海に近い自宅の1室を施術室として活用。お客さまが訪れてみたくなるような環境で、心も癒してくれるサロンのカテゴリ。

Category 1

大きな姿見は姿勢チェックに使うだけでなく、部屋を広く見せる効果もある。

美容矯正とエクササイズで理想のケア状態をつくる

「女性をきれいにしたい」という子どもの頃からの夢を叶えたオーナーセラピストの高橋マキさん。都心の一等地、憧れの表参道での個人サロン経営はセラピストとしての技術だけでなく、経営者としての視点が不可欠だ。

開業資金

＊最初のサロンオープン時
（2006年・恵比寿）

マンション契約料	81万円
ベッド、備品、消耗品	30万円
ホームページ関係	10万円
予約サイト登録料	20万円
運転資金	159万円
合計	300万円

自己資金として300万円を準備。予備資金として親から300万円を借入れたが、1年後、運営が順調に回ってきたので返済した。

注目ポイント

骨格のゆがみや姿勢に着目した美容矯正

施術者としてのスキルだけでなく、経営者としての視点を持つこと

プロとしてできること、できないことを見極める力をつける

Renabeau《リナビュー》
住所：東京都渋谷区神宮前4-22-17
アルル表参道301
TEL：03-6447-2134
営業時間：11：30〜20：00（最終受付時間はメニューによって異なる）
定休日：不定休
交通：東京メトロ銀座線・半蔵門線・千代田線「表参道」駅より徒歩5分

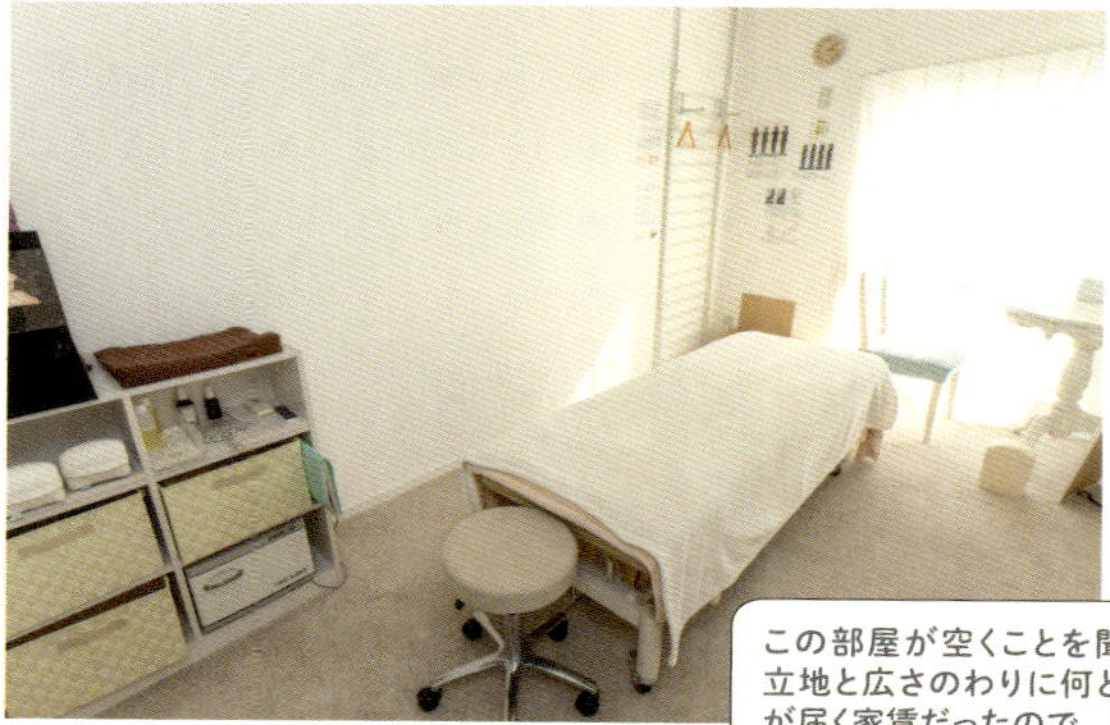

（上）お客さまが触れるベッドやタオルなどは、多少の投資をしても、寝心地のよいものや肌触りのよいものを用意している。（下）サロンの入口。サロン営業ができる物件を探すことが大事。大家さんの営業許可を取らずに営業すると発覚した際に強制退去となることもあるので注意が必要だ。

この部屋が空くことを聞き、立地と広さのわりに何とか手が届く家賃だったので、2018年1月に移転を決めました。

表参道ヒルズから数分の距離だが、周囲に高い建物がないので3階でも見晴らしはよく自然光が入る。

女性をより美しくそして元気にしたい

東京・表参道の、ブランドショップが立ち並ぶ賑やかな表通りを脇に入った静かな住宅街。その一角にある低層マンションに「リナビュー」はある。

「2006年、恵比寿の1LDKのマンションで開業。3度めの移転で理想的なサロンに巡り合いました」と、オーナーセラピストの高橋マキさん。

白を基調に整えられた清潔感にあふれた店内。3階建ての最上階にあり、自然光が差し込む明るい雰囲気だ。2つの施術ルームは程よい広さで、居心地のよさを感じさせる。

サロン名の「Renabeau」は、「Re:Natural beauty」を略したもの。忙しい現代女性がその人本来の健康的な美しさや個性を取り戻し、生き生きと人生を

開業ストーリー

2006.11	大手エステサロン店長、個人経営サロン勤務などを経て、渋谷区恵比寿に「Re:Natural Beauty」をオープン
2008.12	天然石を使用した美容トリートメントを発表し、株式会社beautyhumanを設立
2009.7	渋谷区南平台町にサロンを移転
2011.11	サロン名を「Renabeau」へ変更
2012.1	勝山浩尉智美容矯正 認定講師・認定校取得
2015.6	渋谷区神宮前にサロンを移転
2018.1	同じマンション内の最上階の部屋に移転

美容矯正を主軸に 心と身体の調和を取り戻す

(右) コアコンディショニングは、ストレッチやヨガのように自重を利用するために負担が少なく、身体の深部を整えるのが目的。(左) カーテンや家具、照明なども壁や床にあわせて白やオフホワイトで統一。

会員数290万人を誇る女性向けWebメディアのオズモール編集部より声がかかり掲載されている。OZmallアワード2018(2017年1月1日〜12月31日の予約数と口コミ点数をもとに集計)の口コミランキングにてアワード入賞。

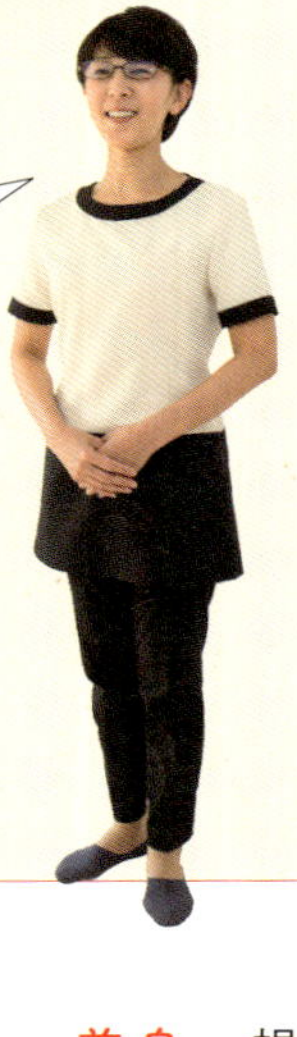

前より広くなったリビングでコアコンディショニングという新しいメニューを提供できるようになりました。

楽しんでいけるようにと、サロンケアとセルフコンディショニングの双方からのアプローチによって身体と心のバランスを重視したサポートを行っている。

身体のゆがみを正して美しいラインを取り戻す

施術で特徴的なのは、身体のゆがみを整える、美容矯正のメニューだ。

「エステティシャンをしていたとき、体重は落ちたのに骨盤のラインが広がっていたり、背中が曲がっているお客さまがいることに気づき、身体のゆがみに原因があるのではと思い、骨格や姿勢に興味を持ちました」

そこで、勝山浩尉智氏のスクールに通い、シンメトリー整顔をはじめ骨盤調整など、全身をオールハンドで整える美容矯正の手技を習得。

「オールハンドで行える美容矯

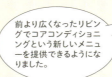

売れる！
学べる！
Sales Point

身体のゆがみを理解してもらい十分なケアにつなげる

施術前のヒアリングでは、生活習慣、運動歴、既往歴、服薬歴、仕事時の姿勢等を細かく聞き取ることで、最適のメニュー提案を行い、施術後には、今後、どのように進めていけばベストコンディションに導けるのかを説明している。

また、美容矯正が主軸となっているので、お客さまには身体のゆがみや姿勢バランスの重要性を理解してもらわなければならない。そのため、美容サロンには珍しく、人体骨格模型や施術前後の写真を使ってわかりやすい解説をしている。

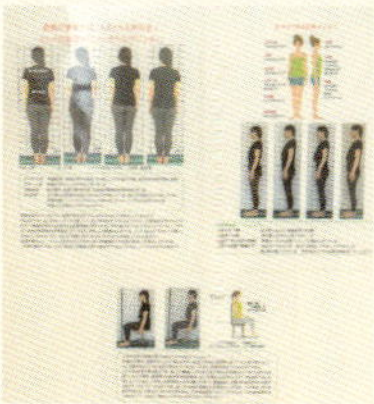

人体骨格の模型と、下はコアコンディショニングの効果をわかりやすく解説したもの。掲示物は自作している。

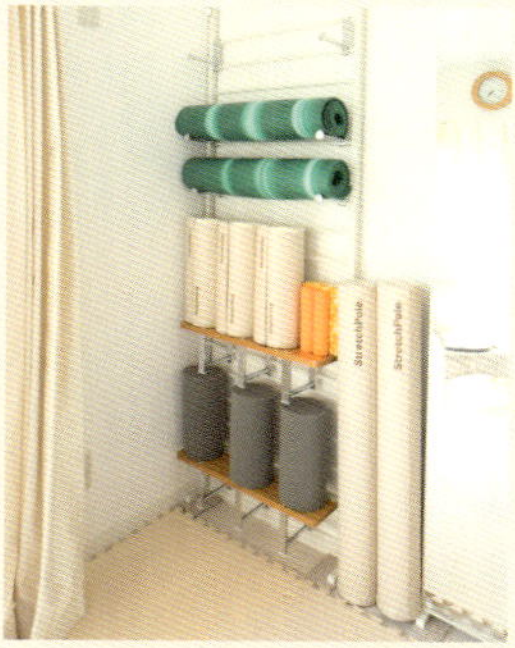

ストレッチポールやヨガマットは壁面にコンパクトに収納。ストレッチポールの注文も可能。

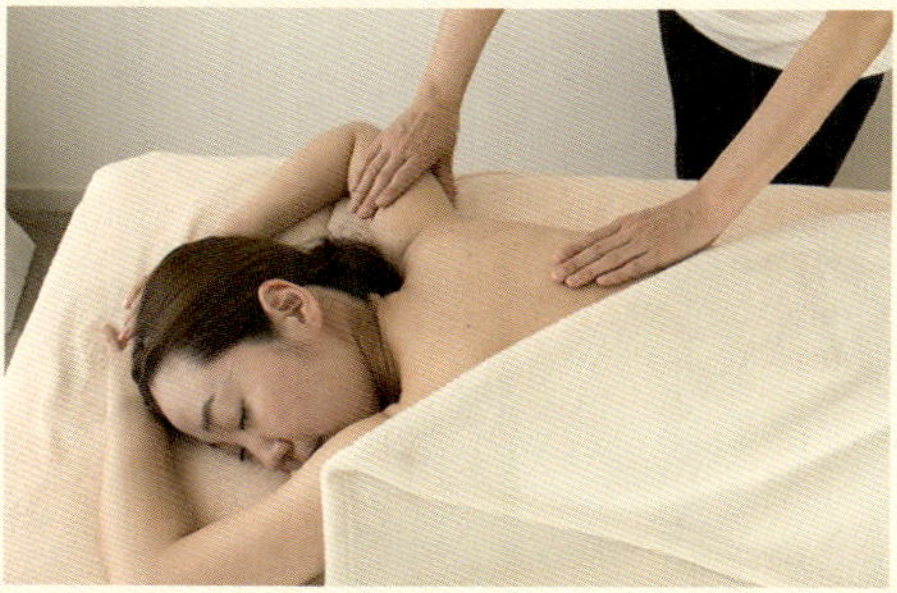

「ソフトタッチで
まったく痛く
いのに結果が
る」と評判の
容矯正。リピ
ターが多く、
客のほとんど
10年近くのお
き合いだという

天然石を使用した宝石エステ、フラワーエッセンスなど多様なスキルを組み合わせた施術も人気。美顔ローラーや化粧品などの物販も行っている。

正を習得したことで、本格的に独立開業が見えてきました。エステサロンとして開業するにはマシーンを導入しなくてはならず、また次々と新しい製品が出てくるのでメンテナンスや機械導入のコストを考えると、あまり現実的ではないと思っていました」

サロン経営者にとって必要なスキルと心得

美容矯正を習得後、高橋さんは独立を決めていたが、大手サロンでは、集客や仕入れなどは本部が行うので、「サロン運営という点ではまったくの素人状態」だったという。そこで、いったん個人経営のサロンに業務委託契約という形で1年間勤務。メニュー構成をはじめ、ワードを使用してPOPやパンフレット作成などを率先して自分で行い、並行してHP作成ソフ

サロンらしい演出

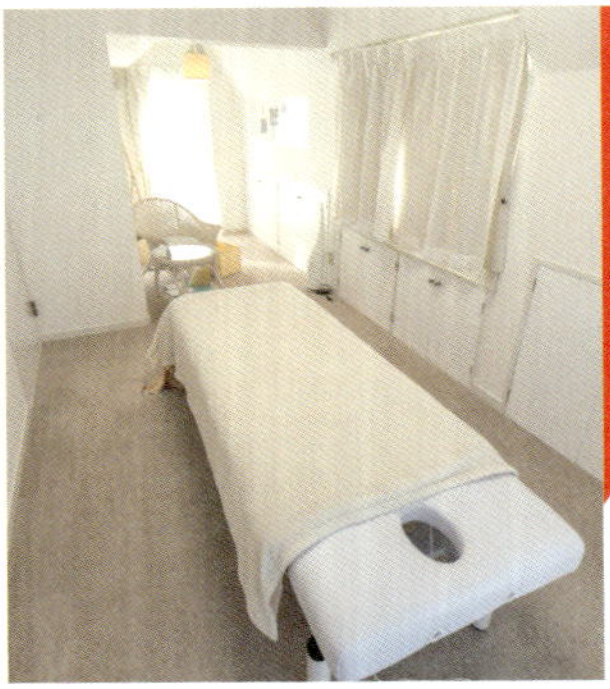

（右上）白を基調にした清潔感のある個室内。（左上）お客さまにお出しするカップには質のいいものを用意。「薄いグリーンとピンクでホッとするような配色を選びました」（高橋さん）。（右下）ダイニングスペースはカウンセリングに使用。リビングの床にはクッションマットを敷いて音や衝撃を吸収。（左下）市販のライトにグリーンの造花を巻き付けて作成。

トのスクールにも通った。

「技術の習得だけではなく、サロンを運営していくにあたって必要な備品やスキルも、同時に準備しておいたほうがスタートがスムーズになります」

リピート率を高めるには、その都度、結果を出せることが大事。そしてお客さまのコンディションを素早く見抜く観察力も必要だ。お客さまのコンディションに合わせて適切なメニューの提案ができるようになると、お客さまからの信頼も厚くなる。

「このお客さまには、何が必要なんだろう？　何がなくなればもっとよくなるのだろう？」と、いつもお客さまにとっての最善の方法を探していくことで、カスタムメイドの施術ができるようになると高橋さんは言う。

できること、できないこと プロとして見極めが大切

「施術者は、お客さまから不調を訴えられたとき、プロとして自分にできることか冷静に判断することが大切だと思います」

たしかに、お客さまの立場になれば施術者の責任は重い。とくに「痛み」を訴えるお客さまの場合、痛みの原因を探り、時には、医療機関の受診をすすめることもあるという。できること、できないことをお客さまにきちんと伝えられるかどうか？　それが、高橋さんの考えるプロとしての見極めだ。

お客さまの感動のために サロンも施術者も進化が必要

2018年4月より、医療施設やフィットネスクラブで取り入れられているコアコンディショニングというエクササイズを導入。ストレッチポールを使用してエクササイズをすることにより、ゆがんだ姿勢が自然に本

HOW to お店づくり

白を基調にしたインテリアで明るさと清潔感をイメージ

リビングのマットや姿見などは自分で設置しコストを抑えました。

PLAN DATA

広さ：約73㎡
ベッド数：2台
スタッフ数：3人

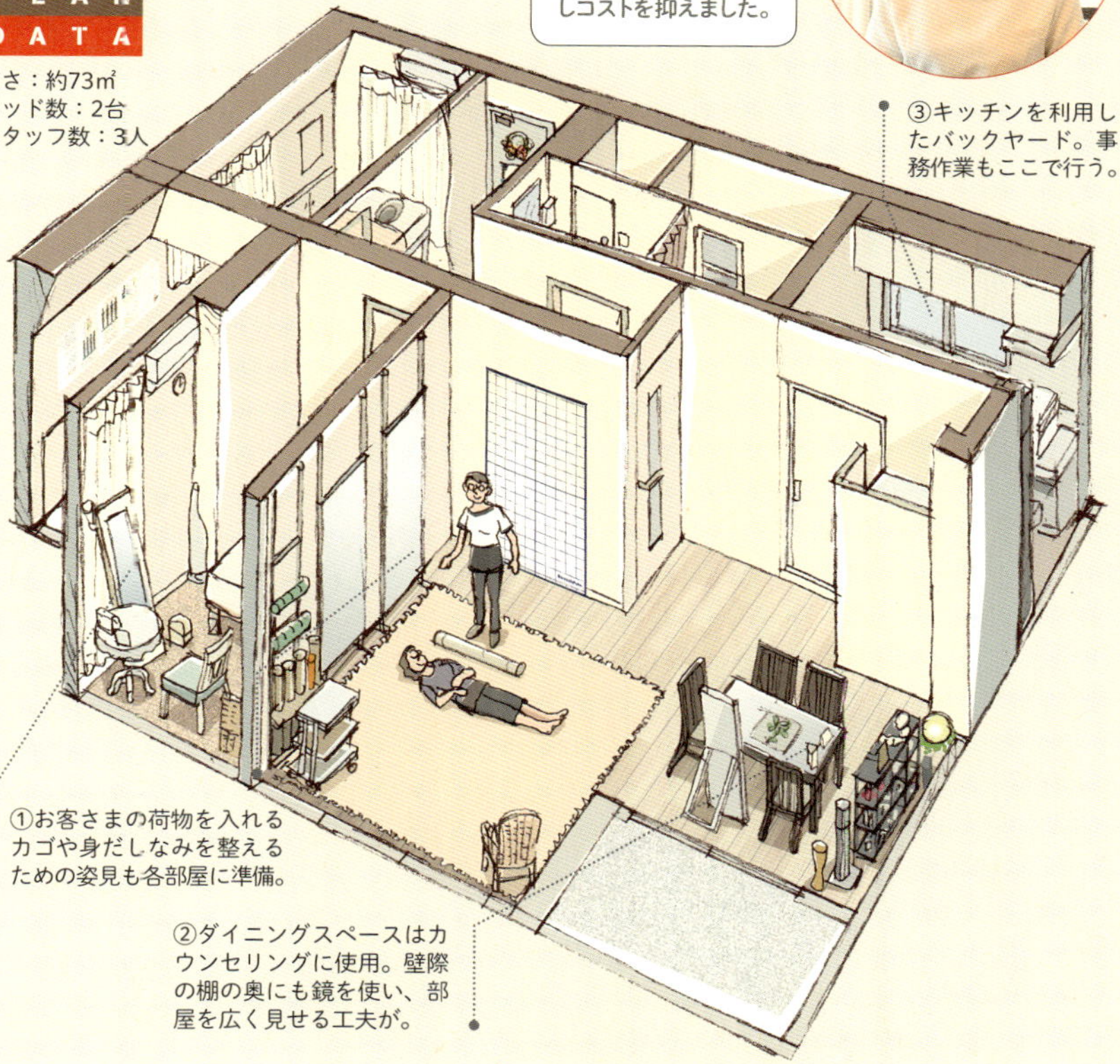
③キッチンを利用したバックヤード。事務作業もここで行う。
①お客さまの荷物を入れるカゴや身だしなみを整えるための姿見も各部屋に準備。
②ダイニングスペースはカウンセリングに使用。壁際の棚の奥にも鏡を使い、部屋を広く見せる工夫が。

来のバランスに戻っていくという。導入メリットは、美容矯正との相乗効果が期待できる点だ。

ストレッチポールで筋肉や関節を脱力させ、美容矯正オイルセラピーで筋膜を整えることで、今まで以上に結果を出すことができる。また、お客さま自身でも簡単に行えるエクササイズなので、セルフコンディショニングとして自宅で脱力してもらうことが可能。サロンケアの維持のためにも役立っているとか。

「これまでは、自分も200%現場仕事中心でした」と高橋さん。今後は、施術者の養成のスクール活動にも比重を割いていきたいと考えている。

「私自身が夢を叶えたように、セラピストになって人の役に立ちたい、いつか自分のサロンを持ちたい」という女性の夢を叶える手伝いが少しでもできたらと、新たな道を見つめている。

オリジナルメソッドで新しい美を提案する男性エステティシャンのサロン

賑わう表通りから一歩入ったところにある2階建ての一軒家。2階のサロンに足を踏み入れると、静寂の雰囲気がお客さまを包み込む。

東京・神宮前交差点の近くに、1階のヘアサロンと2階のエステティックサロンとネイルサロンが外階段でつながっている建物がある。オリジナルメソッドで知られる人気サロンが、次はトータルビューティーで訴求しようとしている。

注目ポイント

- 女性の美をお手伝いする男性エステティシャン、そして経営者としての思い
- オリジナルメソッドを売りにしての開業までの歩み、今後の展開
- お客さまに、すべての部分で満足してもらうための接客と努力

Salon de Lien《サロン・ド・リアン》

住所：東京都渋谷区神宮前6-6-8 2F
TEL：03-3499-5825
営業時間：11:00〜22:00（最終受付19:00）
定休日：不定休
交通：東京メトロ千代田線・副都心線「明治神宮前」駅より徒歩2分、銀座線・半蔵門線「表参道」駅より徒歩5分

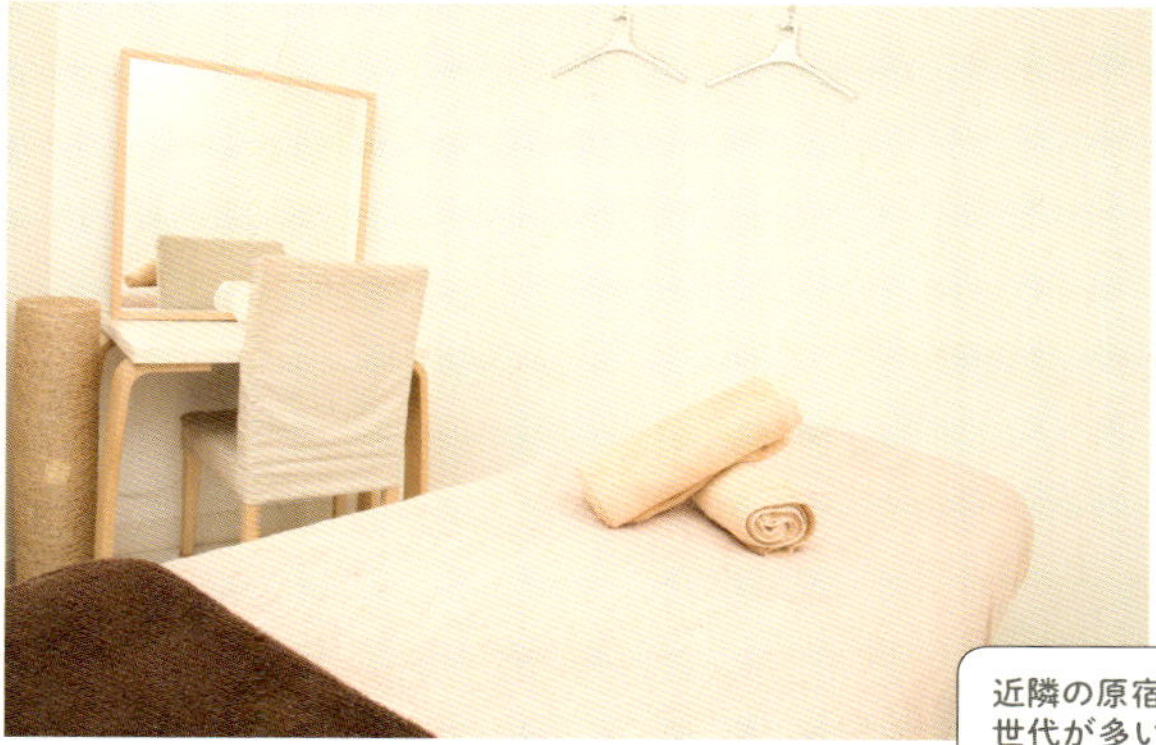

開業資金

＊最初のサロンオープン時
（2010年・赤坂）

物件取得費	75万円
設備費	50万円
商材・備品類	50万円
運転資金	200万円
合計	375万円

2010年に赤坂ではじめたお店はマンションの1室だったため、開業資金はすべて自己資金で賄った。

白を基調とした施術ルームは、やわらかい光で落ち着いた雰囲気を醸し出す。「女性が美をめざすのは、彼や旦那さんにきれいだねと言ってもらいたい願望もあります。それを応援したいんです」と大澤さん。

近隣の原宿界隈は若い世代が多いですが、当店のエリアはもう少し年齢層が高く、ターゲット層には合っています。

男性エステティシャンの「トップをめざす！」

明治神宮前駅より徒歩2分、表参道の賑やかな通りから一歩入った、隠れ家的な佇まいの建物。その2階に「サロン・ド・リアン」はある。エステ業界では、まだ珍しい男性エステティシャンの施術が人気のお店だ。

オーナーの大澤隼人さんが、この道を志したのは25歳のとき。学生時代から美容の世界に興味があり、美を追求する女性たちの役に立てる仕事がしたいと考えエステティシャンをめざした。

「当時（2005年）、男性エステティシャンは数えるほど。裏を返せば、それってトップになるチャンスがあることだと。それにワクワクしたんです」

しかし、男性を受け入れるスクールやサロンは少ない頃だ。入学をことごとく断られた後にようやくスクールを見つけ出し、エステや整体のスキルを学ぶ。

修業中、徹底したのが反復練習だった。「サロンではお客さまとの会話や繊細な配慮が大切です。目を閉じても、その施術ができるようにならないと、その余裕は生まれませんから」

開業ストーリー

2008	25歳のとき、男性エステティシャンをめざすことを決意。リミットは30歳と決めた
2009	エステや整体の技術を学び、スクールの講師をはじめる
2010	東京・赤坂のマンションの1室で「Salon de Lien」オープン
2012	赤坂での開業時にアドバイスを受けた師匠のビューティーサロン「animus」のある建物の2階に移転
2016	自店も含め、「animus hair salon」や同じフロアにあるエステサロン「animus a la mode」の総代表になる
2018.4	ネイルサロン「animus nail」をオープン

お客さまの美しさを最大限に引き出すお手伝い

看板メニューの「姿整美」は、初回（カウンセリング含む）24,000円（120分）、リピート21,000円（90分）。全身のプロポーションの悩み、根本的に姿勢を直したい人に人気。

一歩店内に入ると、非日常的な空間が広がる。「お客さまをお迎えしてお見送りするまで、不安な気持ちを一切抱かせないように配慮しています」（大澤さん）。

自分のステージを上げていかないと、スタッフもステージを上がることはできません。だから成長を続けたいですね。

施術が終わったあと、化粧直しやフェイシャル後のメイクアップもゆっくりできるようにメイクルームも完備している。

その後、スクールの講師になるが、男性エステティシャンとしての難しさを痛いほど感じた。サロンでの実務経験がないうえに、教えられるのは技術だけ。さらに女性の生徒から「男性に教わるのは恥ずかしい」と言われる機会が多かったという。

「その壁を突き破るには、お客さまのほうから『この人の施術を受けたい』と思ってもらうしかない。それには独立してサロンを開業し、男性エステティシャンとしての自分を積極的にアピールしていこうと」

オリジナルの施術をつくりサロンを開業

その後、整体のお店でも働きはじめるが、大きな転機となったのは、前述のスクールで紹介された、ビューティープロデューサーでもある師匠との出会い。それが「男性エステティシ

売れる！
学べる！
Sales Point

男性エステティシャンは清潔感、見た目のよさが大事

男性エステティシャンの草分け的存在と称される大澤さん。

サロンのお客さまはネットで調べたり、紹介がほとんどなので、「男性NG」と言われることはなくなったという。今では「男性エステティシャンは手のひらの厚みや大きさがあり、力の入れ方にも安定感があるので心地よい」と好評を得ているそうだ。

そこで、大澤さんが男性エステティシャンだからこそ、自分に課していること――それは清潔感だ。また見た目にも、最大限気を配っているという。

「正直、少しでも太ってはいけないと思っています。女性のお客さまを相手にするのにマイナスになりかねない要素は、全部取り払う覚悟を持っています」

今後は代替療法や未病のケアなど、予防医学の普及にも携わっていきたいと考えています（大澤さん）。

白を基調としたカウンセリングルーム。初回のお客さまに対しては、30分ほどカウンセリングを行い、施術の方向性を決める。

「お客さまとの会話のなかで、何を求めてサロンに来ているのか、しっかり見極める必要があります」（大澤さん）。

ホームページ（www.salondelien.jp/）で「姿整美」について詳しい解説を行い、ニーズを掘り起こしている。

ャンでナンバーワンを取りたい」という大澤さんに、大きなヒントとなった。

「単に技術が上手なだけでは、お客さまにもメディアにも関心を持ってもらえません。自分が思い描く美しい女性像をイメージし、それを叶えるためのオリジナルな施術を武器にするようにと、アドバイスを受けました」

そこで身体の不調に悩む多くの女性が、姿勢を正すことで美しくなる様子を見てきた経験から、独自の施術法を考案。それがエステと整体を融合させた「姿整美」というオリジナルメソッドになった。そして姿勢だけではインパクトが弱いと考え、時代にマッチしたキーワードである〝小顔〟を売りにしようと組み込んだ。

「姿勢を正すと、首が長く見えて、顔との対比で小顔に見えるんです。当時は、小顔ブームだ

サロンスタッフ

（右）現在は、大澤さん以外のスタッフは全員女性エステティシャン。（左）施術ルームやメイクルームなど、サロン全体がやわらかい光で包まれ、落ち着いた雰囲気を演出している。

ったので、それを前面に打ち出しました」

実際の施術としては、まず全身の老廃物を処理するリンパ節が密集する鎖骨をほぐすことで、姿勢が悪くなっている原因をケア。そしてリンパの詰まりを徹底的に取るため、あらゆる角度からアプローチし、筋肉をほぐしてリンパを流してを、繰り返し行う。

顧客ターゲットは30～40代の、経済的に少し余裕のある女性とし、赤坂にお店を出した。自店の宣伝はメディアに絞り、メソッドと自分自身のアピールも添えたプレスリリースを送付。

すると、珍しさもあってか雑誌やテレビへの露出が増えていき、サロン運営は少しずつ軌道に乗っていったという。

サロンの入口から出口まで すべての部分で満足を

看板メニューとなった「姿整美」は、2012年8月にお店を現在の神宮前に移転した際、約6000円の値上げを行い、120分で2万4000円に（リピートは90分2万1000円）。

大澤さんがつねに意識しているのは、技術はあって当たり前であり、いかに居心地のよい空間をつくるかという点だ。

「その値段を払っても、ここに来てよかったと思ってもらうには、どうしたらいいのか。それを念頭においています。入口から出口まで、すべての部分でお客さまに満足していただくことが大切だと考えています」

カウンセリングや施術をするなかでは、そのお客さまに合った対応を導き出している。

「普段は何もしたくないお客さまに対して『毎日これをしてください』と言っても、嫌な気分を与えます。あるいは疲れ気味

HOW to お店づくり

2階の一部を改装し新たにネイルサロンがオープン

技術はあって当たり前。いかにお客さまに居心地のよい空間を提供できるかという点を、つねに意識しています。

PLAN DATA

広さ：約40坪（2階）
ベッド数：3台
スタッフ数：5人

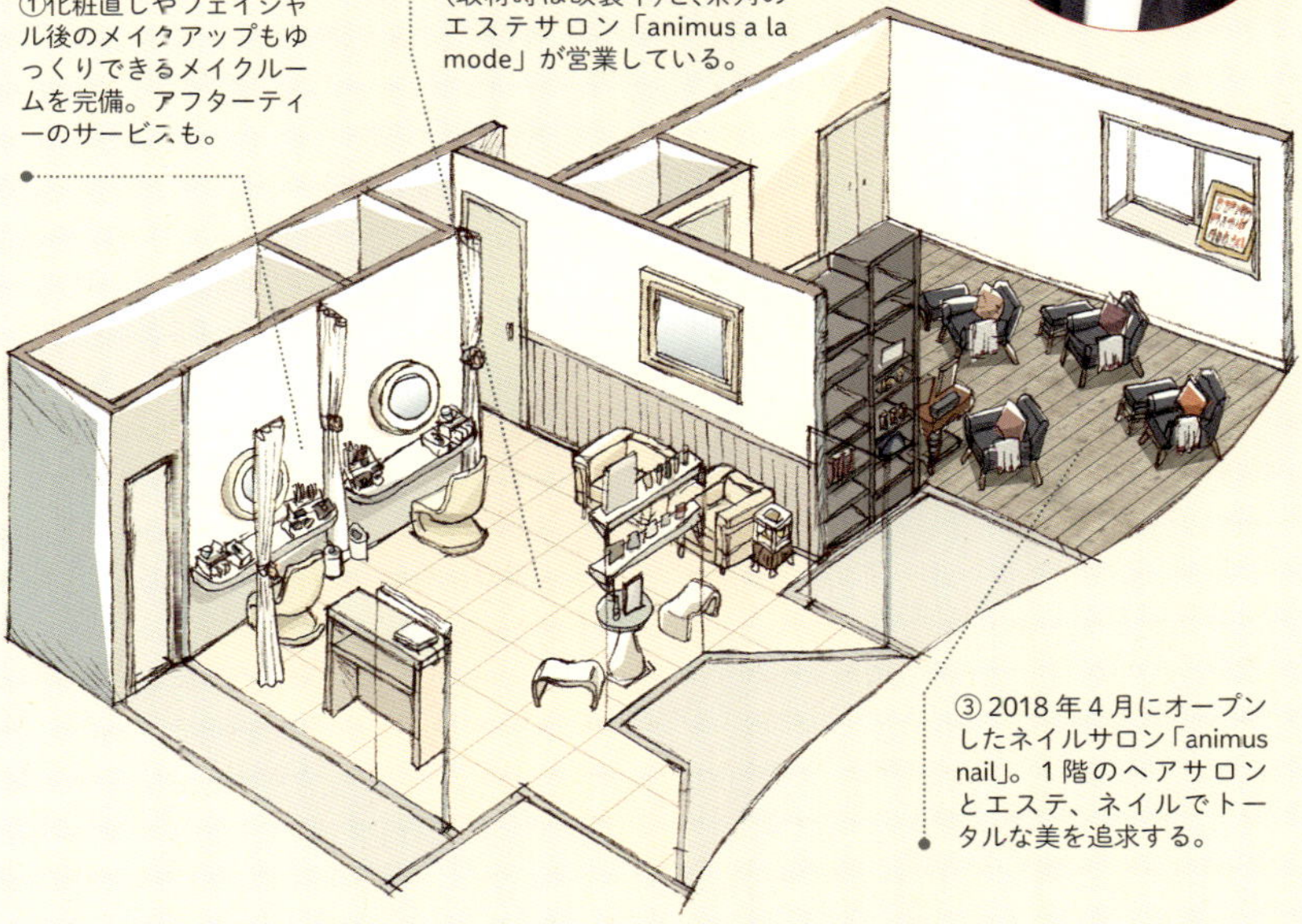

①化粧直しやフェイシャル後のメイクアップもゆっくりできるメイクルームを完備。アフターティーのサービスも。

②カウンセリングスペース。2階フロアには「リアン」(取材時は改装中)と、系列のエステサロン「animus a la mode」が営業している。

③2018年4月にオープンしたネイルサロン「animus nail」。1階のヘアサロンとエステ、ネイルでトータルな美を追求する。

の人に、声のトーンを上げて話しかけるようでは、もっと疲れさせてしまいます」

さらに新しい価値をお客さまに提案していきたい

大澤さんが今後、めざすのは、次のステージに上がることだと語る。

「今35歳ですが、自分が40歳になったとき、お客さまからのニーズがあるとは限りません。また、それが男性エステティシャンの宿命とも感じています」

2016年、大澤さんは「サロン・ド・リアン」以外に、ヘアサロン、エステサロンの代表を任された。今後は、さらにエステティシャンから経営者としてのウエイトが高まりそうだ。

「店のスタッフとともに、トータルビューティーを提案し、新しい価値をお客さまに提供していきたいですね」

成功するためのコンセプト設計

エステとヘア、ネイルという3部門で構成するトータルなサロンへ

2018年4月にオープンしたネイルサロン「animus nail」。「サロン・ド・リアン」と同じフロア（2階）にある。

ヘアサロン「animus hair salon」。1階のヘアサロン、2階のエステサロン、ネイルサロンの3部門を利用していただけるお客さまを増やすことが目下の課題だ。

ここがいいね！

- 3部門のサロンでトータルビューティーを追求するお店づくり
- 系列店のスタッフ全員が、同じ目的意識を持って経営に参加
- 男性客ニーズを取り込むための、新しいプロジェクト展開

エステとヘア、ネイルという3部門のトータルなサロンへ

大澤さんは、「リアン」を運営するほか、2016年より系列店として同じ2階フロアにあるエステサロンと、1階にあるヘアサロン、さらに2階に2018年4月にオープンしたネイルサロンの総代表も務めている。

就任当初の悩みとして、2階のエステサロンは外階段でつながるため、同じ建物にあるメリットを生かせず、ヘアサロンのお客さまを誘導しにくい。1、2階にある両店舗を利用するお客さまの割合は1割弱に過ぎず、売上につながる方策を考えていた。そこで戦略的にはじめたのがネイルサロン。

「エステとヘア、そしてネイルの3部門でトータルビューティーを追求したお店づくりをしています。系列店のスタッフ全員

お客さまニーズへの対応策が進行中

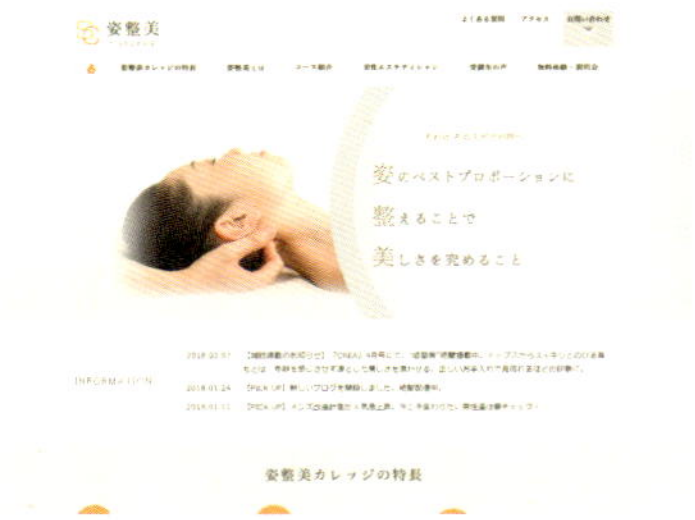

（右上）2階のエステサロン「animus a la mode」の、落ち着いた照明の光があふれる施術ルーム。（左上）1階のヘアサロンのエントランス。20年以上の歴史あるヘアサロンとして知られている。（右下）「姿整美カレッジ」も開講（www.shiseibijapan.jp）。姿整美の考案者・大澤さんによる技術ノウハウのマンツーマンの指導を、ライフスタイルに合わせて受けられるフリースタイル制で、サロン運営に必要な経営ノウハウも伝授している。（左下）トータルビューティーは女性だけではなく男性もターゲットに。結婚相談所と組んだ「メンズ改造計画」（www.animus.co.jp/menskaizoukeikaku/）はその一つ。「男性客は気に入った店があると、そこに通い続けます」というリピート客獲得を狙っての意図も。

が同じ目的意識を持っていれば強みになります。それを武器にメディア戦略していけば、大きな流れになるでしょう」

現在、1、2階の3部門を利用する割合は3割とアップ。男性客ニーズにも目を向け、結婚相談所と提携して立ち上げた「メンズ改造計画」というプロジェクトを展開中。この計画を軌道に乗せ、5割まで引き上げるのが目標だ。エステとヘアサロンで、自分を磨き、やがてそれが結婚につながっていけば、大きな口コミを生むと考えている。

シンプルな目標を持つと戦略が見えてくる

21ページでも紹介したように、大澤さんの独立時の目標は、「男性エステティシャンでナンバーワンを取る」ことだった。

このシンプルな目標だったからこそ「武器（オリジナルメソッド）をつくり上げ、メディアにアピールする」という戦略が見えてきたという。

「目標を持ったら、ブレずに前だけを見据えること。それが大切だと思います」と大澤さんは語る。

これからは、お客さまの健康な身体づくりが大きなテーマになると思います（大澤さん）。

Category 2

地元客や観光客に愛される海が見える自宅サロン

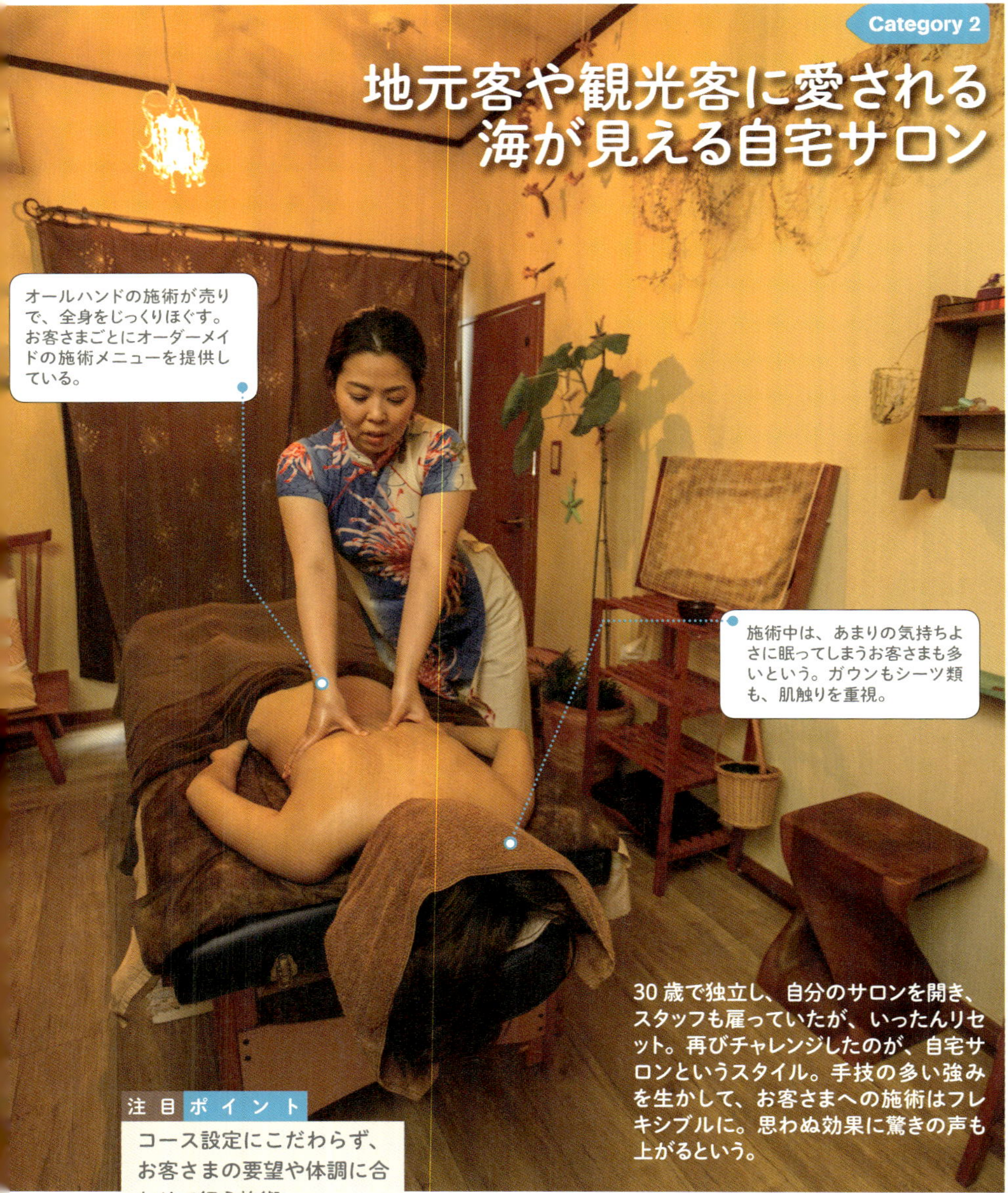

オールハンドの施術が売りで、全身をじっくりほぐす。お客さまごとにオーダーメイドの施術メニューを提供している。

施術中は、あまりの気持ちよさに眠ってしまうお客さまも多いという。ガウンもシーツ類も、肌触りを重視。

30歳で独立し、自分のサロンを開き、スタッフも雇っていたが、いったんリセット。再びチャレンジしたのが、自宅サロンというスタイル。手技の多い強みを生かして、お客さまへの施術はフレキシブルに。思わぬ効果に驚きの声も上がるという。

注目ポイント

- コース設定にこだわらず、お客さまの要望や体調に合わせて行う施術
- 生活感をなくすための、個性的な演出
- 接客は、お客さまにはわからないように一線を引く

spa & relaxation space aper《スパ アンド リラクゼーション スペース アペル》

住所：神奈川県鎌倉市七里ガ浜1-1-11
TEL：080-5386-9350
営業時間：10：00～17：00
定休日：不定休
交通：江ノ島電鉄「七里ヶ浜駅」すぐ

開業資金

物件取得費	100万円
設備費	94万2,000円
商材・備品類	10万円
運転資金	48万円
合計	252万2,000円

物件は2年契約の定期借家なので、家賃をはじめ取得費が安く済んだ。内外装工事もDIYによりコスト削減している。

ピンクの外壁の一軒家。海沿いの町・七里ヶ浜にぴったりの雰囲気。顧客用の駐車場は近くに確保している。さまざまな植物が、季節ごとに花を咲かせている。

お客さまをお出迎えするときは、玄関ドアを開けて、にっこりと笑えることが大事です。

手技の多さを生かして「選べるメニュー」を導入

江ノ島電鉄の七里ヶ浜駅から徒歩30秒、海が見える自宅サロンがある。フェイシャル、ヘッドスパ、オイルトリートメント、オールハンドによる全身トータルケアを行う「アペル」だ。地元客はもちろん、江ノ島や鎌倉に近い土地柄ゆえ、観光ついでに立ち寄るお客さまも多い。

このサロンの大きな特徴は、基本のトリートメントにプラスして、顧客がフットリフレクソロジー、デコルテといったなかから体調などに合わせて好きなメニューを選べるという点だ。

じつはオーナーの宇田久美子さんはサロンに行くと「今日、このメニューはいらない」と感じることも多く、それが選べるメニューの導入につながった。

そして、お客さまの体調を見ながら、その日の予定にはない施術を積極的に挟み込む。常連客から「こんな施術、今まで体験したことなかった!」と、驚かれることも多いという。

「たとえば、腰痛にすごく効く、タイのドライハーブ20種類ほど

開業ストーリー

- 1998 パーティコンパニオンだったが、人をきれいにする仕事に就きたいと思うようになり、エステ業界で修業を開始
- 2000〜2004 サロンの方向性をオールハンドによる施術に定める。タイとバリのスクールにも通う
- 2005 30歳のとき、神奈川県藤沢市に、テラスハウスを2軒続きで借りて、スタッフも雇い、サロンをオープン
- 2011 東日本大震災を機に、店舗を一度閉じ、出張サロンをしながら、次の展開を考える
- 2012 鎌倉市七里ヶ浜駅すぐの一軒家を借り、自宅サロン「spa & relaxation space aper」を開業

お客さまを呼ぶ人気メニュー

その日の体調や気分に合わせて お客さまごとに施術メニューを考える

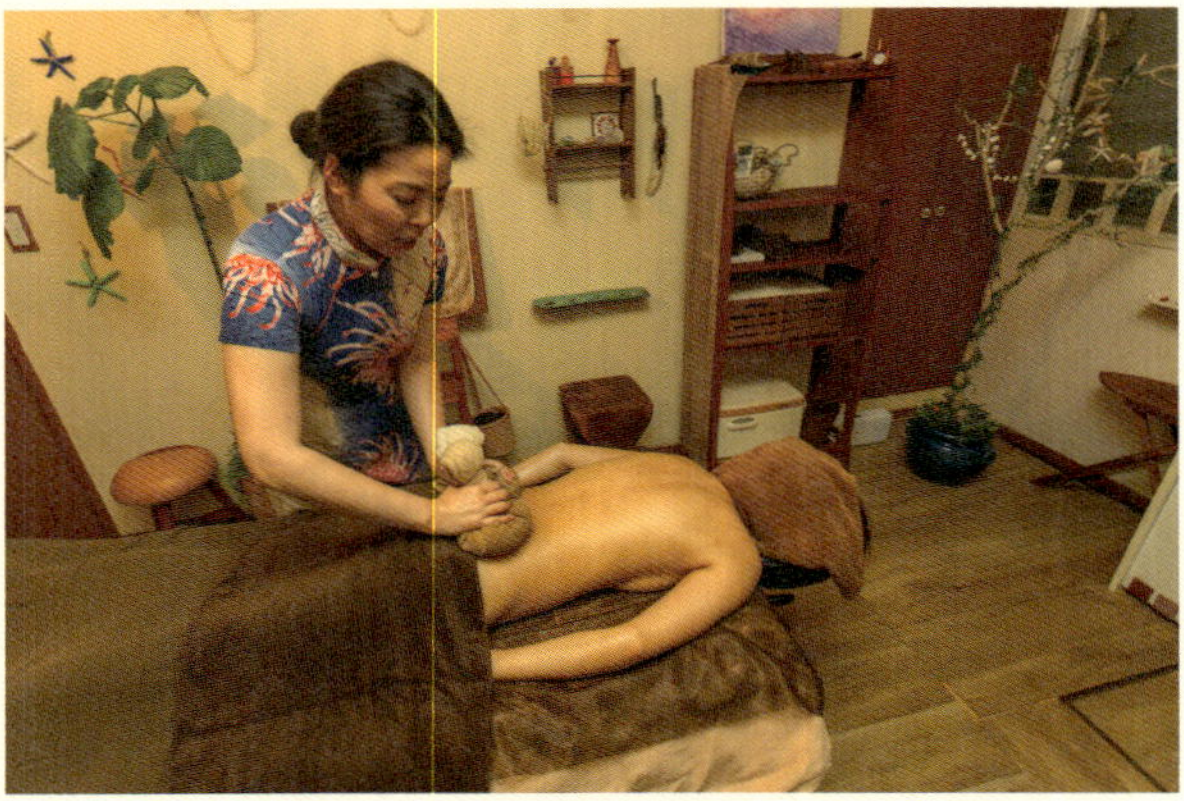

タイのドライハーブを約 20種類配合した『ハーバルボール』と呼ばれる施術法。「腰痛を和らげるには最適な方法です」と宇田さん。

施術ルームからバルコニーに出ると、湘南の海が広がる。多種多様な植物がお客さまの目を楽しませる。バルコニーでも施術できるように準備をしているという。

どの部分を中心に施術するかは、実際に身体を撫でながら決めています。

を配合したハーバルボールという施術を盛り込んだほうがいいと判断すれば使っています。また指圧系のもみほぐしがベストであれば、その時間を多く割きます」

そんなフレキシブルな施術を可能にしているのは、宇田さんの手技の多さだ。かつてパーティコンパニオンだった23歳のときに、この業界で生きていくことを決意。30歳での独立を視野に入れ、個人サロンを中心に技術習得に努めた。多くの顧客と接することができ、場数を踏めるだろうと、クイックマッサージ店にも勤務し、あらゆる技術を学んでいった。

「お客さまの身体は千差万別ですから、それにすべて対応できる技術を習得していこうと。そして、その技術を組み合わせていくことで、オリジナル性を生み出そうと考えました」

売れる！
学べる！
Sales Point

企業の福利厚生として
サロンを利用してもらいたい

宇田さんがサロンを起ち上げた理由の一つに、「これからは癒しが当たり前の時代になってくる。だから企業に勤める従業員さんのケアをしたい」という思いがあった。

そこで2017年より、福利厚生代行サービスを行う株式会社リロクラブが運営する『福利厚生倶楽部』に参加。加入企業の従業員や家族に、特別料金で「アペル」を使ってもらえるようになった。新しい顧客をつかむためにも有効な戦略になりそうだ。

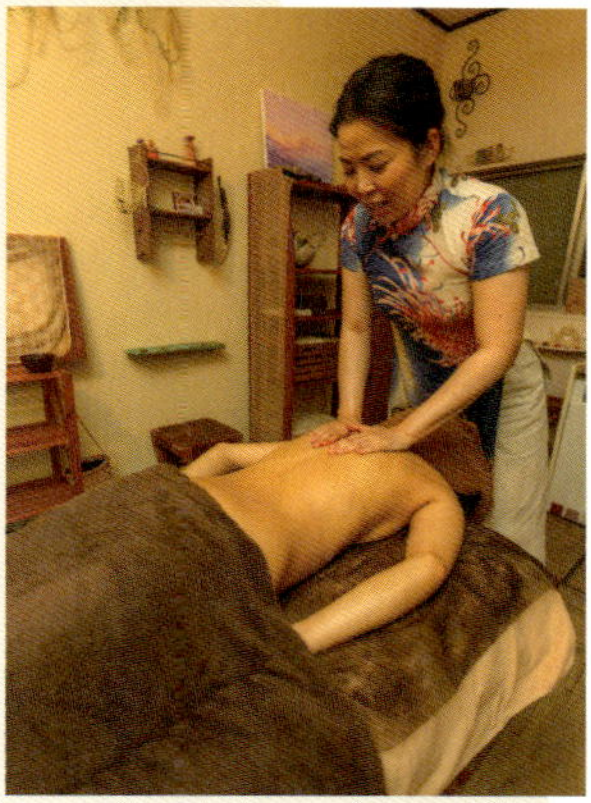

「施術中は、基本的に目をつむっています。そのほうが、手のひらでお客さまの身体の状態をつかむことができるんです」

玄関から2階の施術ルームまでは、場所ごとにテーマを考えて空間づくり。玄関先は海をイメージ。流木や貝殻、灯台、ヨットなどをディスプレイ。

階段を上がると、明るい色合いのアクセサリーなどを飾り、海から地上に上がってきた雰囲気を演出。

最初のサロンを開業するがいったんリセットすることに

2005年、まさに30歳のとき、神奈川県藤沢市でテラスハウスを2軒続きで借りて開業。3つの施術ルームがあり、スタッフも数名雇った。

しかし、2011年に東日本大震災が発生すると、常連客の足が途切れ、ビジネスの難しさを痛感させられた。そこで、サロン経営をいったんリセット。出張サロンという営業スタイルに切り替えて、次の展開を考えたという。

「スタッフを雇ったのは、自分に緊張感を持たせたかったのと、女性2人やカップルなどで来店するお客さまに対応するため。でも、6年間運営するなかで、雇用を維持する難しさを痛感したこともあり、自分一人でやっていこうと決めました」

海をモチーフにした演出

（上２点・右下）玄関から２階までの動線には、海から地上に上がっていくイメージで飾り付け。絵画は宇田さんの手によるもの。（左下）お出迎えで大切にしているのは笑顔。ユニフォームはベトナムの民族服のアオザイ。自分のサロンを持つと決めてから、衣装はアオザイに決めていたという。

生活感をなくすことが自宅サロンでは大事

2012年、海に近い七里ヶ浜の一軒家を借り、2階の1室を施術ルームにして再出発を図った。宇田さんが自宅サロンとして運営するうえで注意しているのは生活感をなくすことだ。

住まいを兼ねる自宅サロンでは、どうしてもプライベート空間と近くなる。生活感を出さないためには、お客さまの五感に触れる、あらゆるものに気を配る必要がある。

「お客さまを他人の家に来ている気持ちにさせては絶対にダメ。とくに生活臭です。料理は、閉店後に翌日の朝食、昼食までつくるようにしています」

玄関や階段といったアプローチには、こだわりの演出を加えている。階段を上がるごとに、海から地上に上がっていくイメージでディスプレイを施し、照明を落とした施術ルームへとお客さまを誘う。室内を暗めにしているのは、普段目を酷使しているお客さまへの気遣いもあるが、余計なものが目に入らないメリットも狙っている。

また、BGMは「フワーッと流れる曲」をチョイス。身体がリズムに乗ってしまうような曲はリラックスできなくなるからという。「日常生活でつねに身体に力が入っているので、ここでは緊張が抜けるようなものを意識してそろえています」

丁寧語で接することで顧客と一線を引く

近年、男性客のサロン利用が増えていることもあり、「アペル」でも男性客を歓迎。宇田さん自身の手技が、男性の硬い身体にも適していると実感してきたからだ。しかし、どんなお客さま

HOW to お店づくり

玄関から2階へと続く海と癒しを感じさせる演出

湘南の海と、さまざまな植物に囲まれたバルコニーでも施術できるように、今、準備をしています。

PLAN DATA

広さ：5坪
ベッド数：1台
スタッフ数：1人

③海が見えるロケーションで、自然の力を感じながら癒されるのが魅力。なお、近くに駐車場も（1台分）。
②照明を落とし、暗めに保った施術室では、眠ってしまうお客さまが多い。
①玄関周りには貝殻やヒトデなど、海で拾ったものをモチーフにしたディスプレイ。右手の階段で2階へ。

でも、リピートで距離が縮まるにつれ、接客の基本に立ち返らなければならない。

「お客さまは、セラピストのファンになるから、そのサロンに通ってくれるのだと思います。女性のお客さまにも言えることですが、だからこそ、お客さまにはわからないように一線を引くことは大事。私の場合は、どんなに親しくなっても、言葉は崩さずに、丁寧語で接するようにしています」

施術後、宇田さんとゆったりと会話を楽しみたいというお客さまが多いこともあり、次の予約までのインターバルは1時間程度と多めに取っている。

「お客さまから『宇田さんの手じゃないとダメなんです』と言われることが一番うれしい。いつも『前回以上の施術をする』をモットーに、お客さまの満足度を高めていきたいですね」

Category 2

二人三脚で起ち上げ、現在セラピスト4名で数多くのリピーターを獲得するサロン

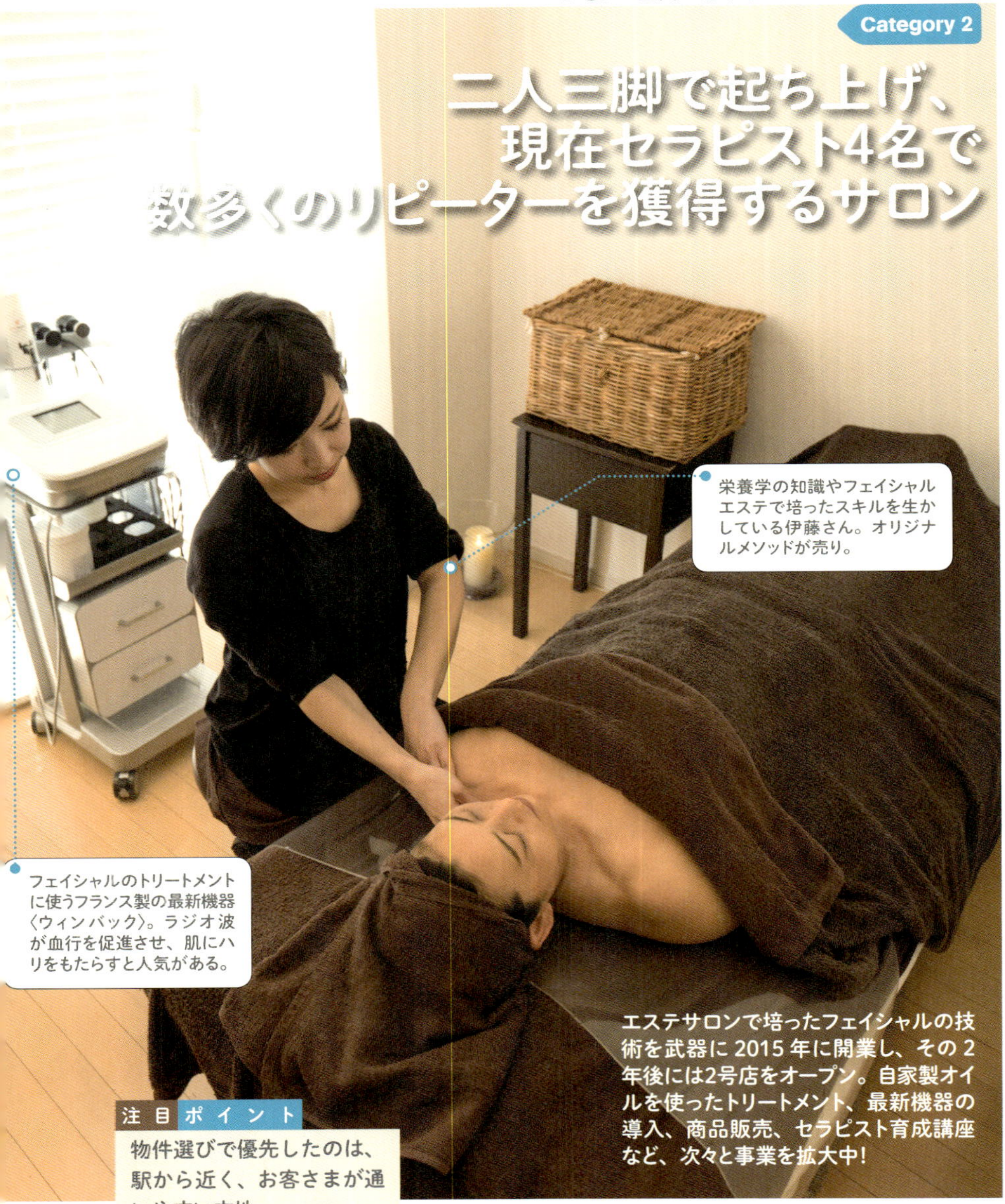

栄養学の知識やフェイシャルエステで培ったスキルを生かしている伊藤さん。オリジナルメソッドが売り。

フェイシャルのトリートメントに使うフランス製の最新機器〈ウィンバック〉。ラジオ波が血行を促進させ、肌にハリをもたらすと人気がある。

エステサロンで培ったフェイシャルの技術を武器に2015年に開業し、その2年後には2号店をオープン。自家製オイルを使ったトリートメント、最新機器の導入、商品販売、セラピスト育成講座など、次々と事業を拡大中!

注目ポイント

- 物件選びで優先したのは、駅から近く、お客さまが通いやすい立地
- 自家製のアーユルヴェーダオイルを使う、一人ひとりの体質に合わせた施術
- お客さまの要望やスタッフの働き方を考慮しての事業展開

Ki.ha.da

アーユルヴェーダサロン ki.ha.da《キハダ》

住所：東京都中央区築地1-12-16 プレミアム銀座イースト902
TEL：03-6228-4359
営業時間：10:30〜23:00
定休日：不定休
交通：東京メトロ日比谷線ほか「東銀座駅」より徒歩3分、日比谷線「築地駅」より徒歩5分、銀座線「銀座駅」より徒歩7分

開業資金

物件取得費	90万円
設備費	300万円
内外装費	50万円
運転資金	50万円
合計	490万円

賃貸マンションの内装はそのままに、インテリアや家具は自分たちで買い集めたもの。コストを抑えたサロンづくりを行っている。

(上)落ち着いた雰囲気のカウンセリングルーム。おすすめの化粧品やサプリなどを展示販売している。

外国からのお客さまも増えました。誠実にやっていれば、誰かが見ていてくれるんだな、と思いますね。

こだわったのは駅からのアクセス

東京・銀座に程近く、通りの向こうに築地本願寺を望む一角のマンションにあるアーユルヴェーダサロン「キハダ」。オーナーセラピストの伊藤かすみさんがもっともこだわったのは、この立地だという。

「とにかく駅からのアクセスがわかりやすいことが大事でした。お客さまが来店しやすいことが第一ですから」

東京メトロ築地駅、東銀座駅から徒歩数分と、たしかに銀座周辺で働くOLなら、仕事終わりに気軽に訪れやすい場所だ。

「駅の近くなのに落ち着いた一角ですし、築地本願寺がアーユルヴェーダ発祥の地であるインドの建築様式だというのにも、ご縁を感じます」

インテリアのほかは内装にはまったく手をつけていないが、白を基調とした清潔感のあるなかに、ブラウンの扉などがシックな雰囲気を醸し出す。

「いわゆるエステサロンのような、ピンクでフワフワしたイメージにはしたくないと、そのまま使っています」。こだわった

開業ストーリー

2003	大学で栄養学を学び、卒業。美への興味から大手エステサロンに就職
2012	人を美しくすることへの探求心から、美容整形外科医院に転職。自らの美への思いを実現させるべく、サロン開業の意志を固める
2014	スクールでアーユルヴェーダを学びつつ、開業を準備しはじめる
2015	東銀座にアーユルヴェーダサロン「ki.ha.da」オープン
2017	恵比寿に2号店オープン

できるだけコストを抑えて お客さま第一のサービスを提供

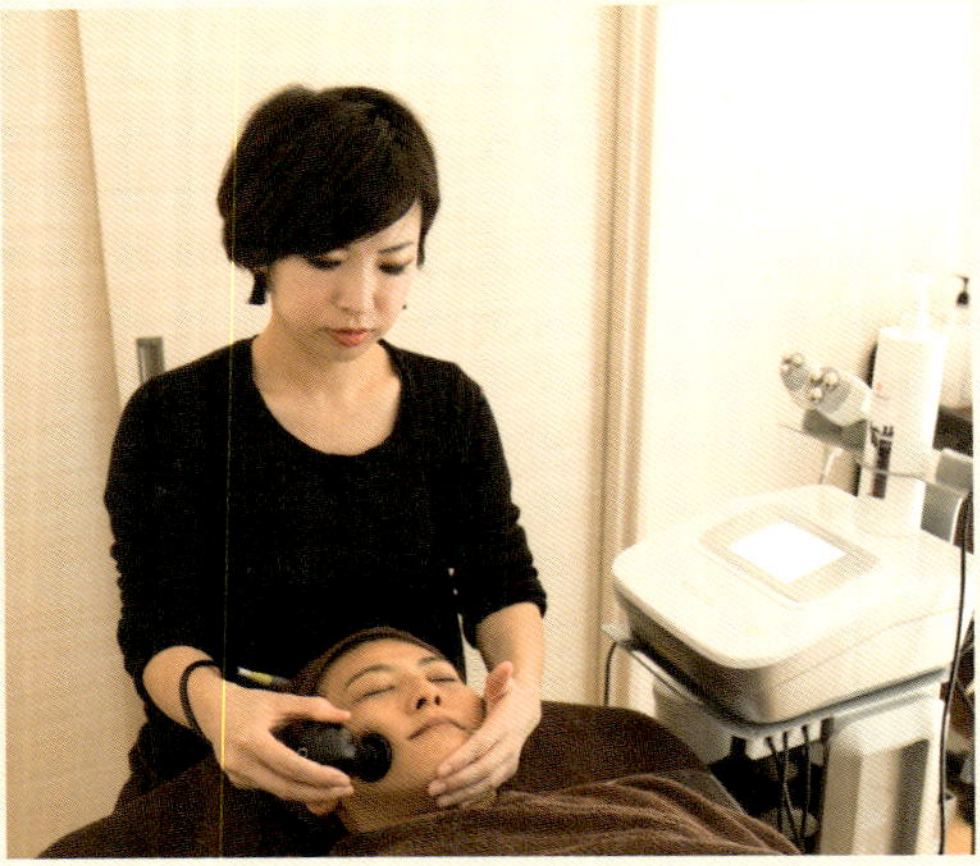

フェイシャルに使用する〈ウィンバック〉は2017年に輸入されるや、すぐに入手。「ウィンバックでの施術が目的で来てくださるお客さまもたくさんいます」（伊藤さん）

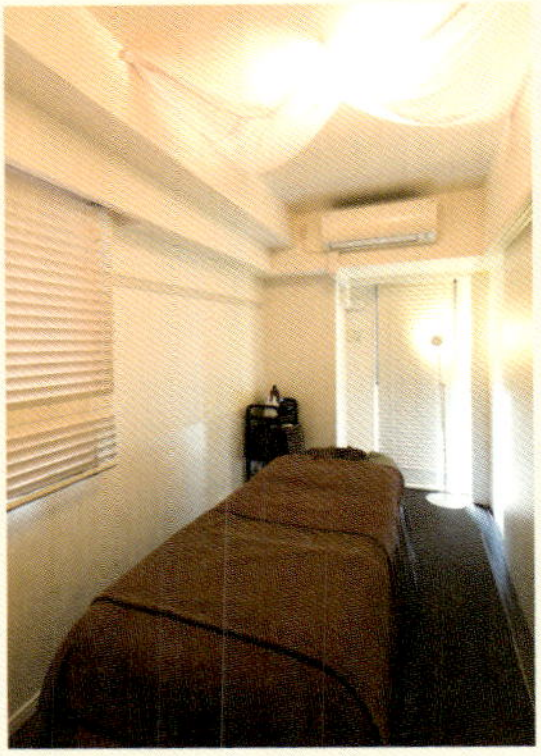

おもにボディの施術をする部屋。ベッドにはボディ用のヒートマットが敷かれていて、つねに暖かい。天井のドレープもお手製。

アーユルヴェーダをもっと身近に感じられるように、お客さまに合ったやり方をアドバイスしていきたいですね。

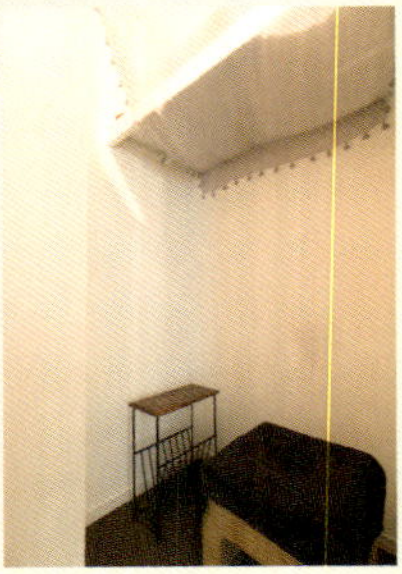

よもぎ蒸しの部屋。アーユルヴェーダの施術前に、よもぎ蒸しで発汗することで吸収をよくする。

のは内装よりもむしろ間取り。

「キッチンが独立していることが条件でした。テナントで開業するのはコストがかかるので、最初から居住用マンションの物件を探していたのですが、このタイプの物件は少なくて。キッチンでオリジナルのアーユルヴェーダオイルを煮るので、それは必須条件でした」

リピーターへの気配りと新規顧客への情報発信

伊藤さんは「自分がいいと思うもので、お客さまをきれいにしたい」という気持ちからサロンを開業。栄養学の知識やフェイシャルエステで培った技術などのスキルを生かしている。

そして、フェイシャルエステ時代の同僚で、セラピストの松岡美夏さんとサロンの起ち上げから二人三脚でやってきた。

「物件が決まってからオープン

売れる！
学べる！
Sales Point

「全員が同じセラピスト」という思いを共有して接客にあたる

駅から近い立地を優先したのも、お客さま個別の体質に合わせたオリジナルオイルも、すべて「お客さま第一」に考えてのこと。リピーターを大切にしていることがうかがえる。「お客さまのなかには、施術だけでなく特定のスタッフとのおしゃべりを楽しみに来てくださる方もたくさん。ですので、スタッフには、施術にしてもトークにしても、お客さまに気に入っていただけるよう、それぞれ自分の個性を出して接するようにと言っています。うちの店では店長やリーダーといった肩書きはなく、スタッフ全員が同じセラピストです」（伊藤さん）

セラピストの松岡美夏さん。「お母さんのようなおおらかさで、若いスタッフのフォローもしてくれる頼れる存在です」（伊藤さん）。

ホームケア用に通信販売もする化粧品、MIREYのボトル。「サロンの効果やコンセプトに合う、自分自身が納得できるものを探して、いろいろ試した末に出会った商品です」（伊藤さん）。

施術後に提供するアーユルヴェーダティー、サマハン。生姜やスパイスが効いたパンチのある味にそこはかとない甘さもあり、クセになる味。飲んだ直後から体がポカポカし、施術の効果が持続。

ご自宅でよもぎ蒸しができるように、よもぎも店内で販売。

（左）リピーターへのサービスとして発行される割引チケット。（右）ご紹介のお客さまに発行される割引チケット。

までの約2カ月で、ベッドなどの必要な備品を発注しつつ、テーブルや照明などのインテリアはショップを回って気に入ったものを買い集めました。決めた日をズラしたくなかったので、急ピッチでした」

そうして迎えたオープン日。一部のお客さまを1カ月間無料招待するという大胆なサービスを展開した。

「それまでの仕事で知り合ったお客さまや知り合いの方々に、オープン告知のDMを送りました。とにかく知っていただかないことには……という気持ちでした」。そこから、効果を実感したお客さまの口コミでお店の存在が広まり、今では常連客は約500人にまで増えた。

現在もリピーターのほか、紹介でのお客さまに割引サービスを行って固定客増を図っている。また、カウンセリングルーム

上手な空間使い

（上２点）施術ベッドを置くために、10畳の部屋を突っ張り棒とカーテンで間仕切り。手づくりでコストを抑えている。（左下）お客さまが自由に使えるアメニティを用意。（中央）何枚も使うタオルを洗濯するための洗濯機は必須。奥は清潔感あふれるシャワールーム。（右）玄関から続く廊下の両脇には、収納スペースがたっぷり。

におすすめの化粧品やサプリなどを展開したり、自宅でよもぎ蒸しができるよもぎを販売するなど、物販にも力を入れる。

ホームケア商品で、お客さまに効果を感じてもらえれば、次回来店時までによい状態を保つことができるうえに、お客さまの来店サイクル短縮にもつながるなどメリットが多い。

その一方で、新規客獲得にも余念がない。フェイスブックやライン、最近はインスタグラムでの情報発信もはじめている。

「やっぱり写真は説得力がありますね。今はインスタ映えする写真が撮れるよう模索中です」

「いいと思うもの」をいち早く取り入れる

メインメニュー「アーユルヴェーダ×ラジオ波」はオリジナルのキハダメソッド。伊藤さんが元々好きだったアーユルヴェーダを、約10年間のエステサロン勤めで培ったフェイシャルの技術を使って施している。

「アーユルヴェーダは身体がきれいになっていけば顔も肌もきれいになるという考え方。ですのでフェイシャルといっても顔だけに施術するのではなく、身体全体の浄化がコンセプトです」

韓国の伝統療法である、よもぎ蒸しを行っているのも、そのコンセプトに合っているから。また、世界で話題の最新美容機器〈ウィンバック〉をいち早く取り入れるなど、お客さまに喜んでもらいたい気持ちに妥協がない。

「お客さまに『ありがとう』と言っていただけるのが、この仕事の醍醐味。やっぱり自分がいいと思うもので喜んでいただきたい。だから日々の勉強や情報収集はすごく大事ですね」

HOW to お店づくり

駅からアクセスしやすく収納の多さが決め手

ウォークインクローゼットのスペースを、よもぎ蒸しの部屋にしてみたらピッタリでした。

PLAN DATA

広さ：約45㎡
ベッド数：2台
スタッフ数：4人

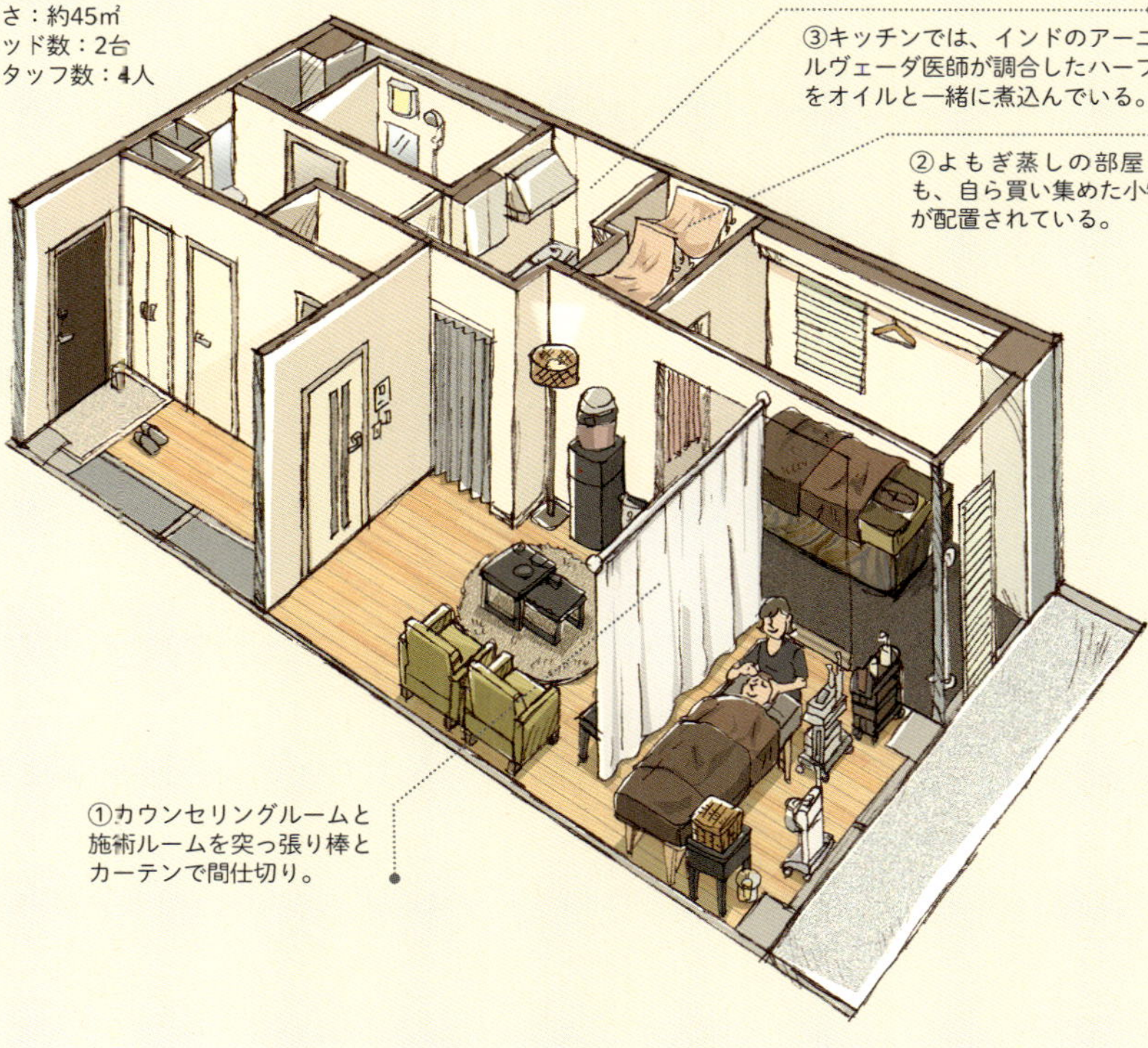

③キッチンでは、インドのアーユルヴェーダ医師が調合したハーブをオイルと一緒に煮込んでいる。
②よもぎ蒸しの部屋にも、自ら買い集めた小物が配置されている。
①カウンセリングルームと施術ルームを突っ張り棒とカーテンで間仕切り。

やりたいと思ったことを一つずつ実現させる

3年前のオープン時は2人だったセラピストも、今ではスタッフを含め4人になった。2017年に恵比寿店もオープンさせ、施術だけでなく、短期間で独立開業をめざすセラピスト養成講座も行っている。

「事業を広げようと考えているわけじゃないです。なかなか予約が取れないお客さまのことを考えると、もう1店舗あったほうがいい。そして2店舗あれば、スタッフもよりシフトに入ってもらえるだろうと、そのときの状況に応じて考えています」

伊藤さんは、「サロンを続けるうちに、やりたいことが自然と出てきて、それを一つずつ実現させているだけ」と謙遜するが、サロンが本当に好きだからこそできたお店といえそうだ。

Category 3

子育てママと娘がつくった お子さま連れ歓迎のネイルサロン

施術中のお客さまに動画を見ていただこうと、モニターをセットするために自作した力作のラック。

小学生の娘さんを抱えてのサロン開業は、まず学校に近いことが条件だった。2016年10月、見つけた賃貸マンションではじめたサロンには、同じ子ども連れの主婦だけでなく、高齢のお客さまも歓迎している。

開業資金

物件取得費	33万円
設備費	40万円
ネイル材料費	14万円
運転資金	30万円
合計	117万円

すべて自己資金。物件は路面店やテナントも候補にあったが、身の丈に合った賃貸マンションに。ネイル道具は手持ちのものがあったので安めに収まった。

注目ポイント

子育てしながらの物件探しと、サロン経営

高齢者までのお客さまを迎えるターゲット設定

サロンにできることを考え、技術向上を忘れずに努力を惜しまない姿勢

ネイルスタジオワン
nail studio one
住所：東京都府中市宮西町5-8-1　亀甲ビル305
TEL：042-201-4562
営業時間：10：00～18：00
定休日：日曜、祝日（不定休）
交通：京王線「府中」駅より徒歩8分、JR武蔵野線・南武線「府中本町」駅より徒歩6分

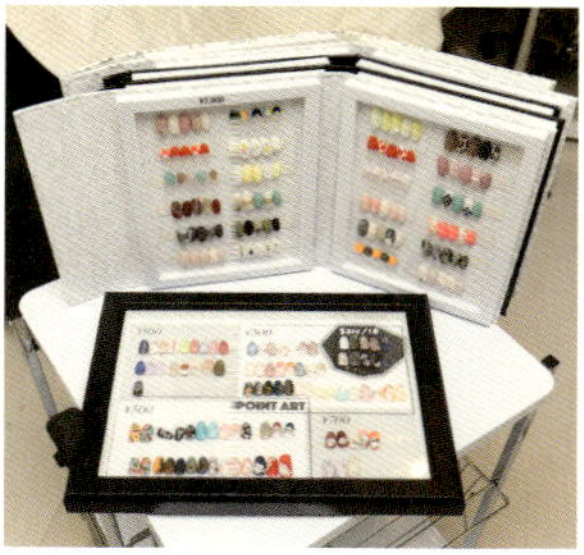

ネイルに興味があるけれど、勇気が出ないという50歳以上の方にも気軽に来ていただきたいですね。

(上)玄関を入ると、日当たりのよいサロン空間が広がる。右側の受付を思わせる黒い間仕切りは自作したもの。生活感を感じさせない効果も。(下)ネイルアートのサンプルチップ。

天井の埋め込み式ライトや内装などは、以前の借主が残したままで使用。サロンとして十分な機能と雰囲気のある物件が見つかった。

子育てしながら居住用マンションで開業

京王線府中駅から徒歩8分、旧甲州街道沿いの賃貸マンションの3階にある「ネイル スタジオ ワン」。お客さまの中心は35～45歳くらいの女性だが、お子さま連れや50歳以上の方も多いという。

施術の中心は、ジェルネイルだが、華やかなアートより、手先を美しく見せるシンプルなデザインを好まれるお客さまも多い。また、ネイルやハンド、フットなどのケアを加えることも。

オプションとして、ハンド・フットスパもあり、世界の5つ星クラスのホテルスパ・ネイルサロンで扱っているブランド商品を使用している。

オーナーでサロンを一人で運営する佐藤芳子さんはネイリスト歴8年。いずれサロンをやってみたいと思いながらも、出産

開業ストーリー

2009	スポーツジムの受付、飲食店などを経たのち、出産とともに子育てに専念
2011.2	スクール併設サロンのスクールに入学。数カ月後、運よくトレーニングサロンに声をかけてもらい、施術を行うようになり、その後勤務する
2015.2	サロンを退職後、開業を考えながら出張ネイル、デイサービスで活動するほか、知人の紹介により新たなサロンで期間限定で働く
2016.10	「nail studio one」をオープン

お客さまを呼ぶ人気メニュー

高い年齢層のお客さまにも もっとネイルを喜んでほしい

ジェルネイルは、クリアジェル5,500円（10本／30分〜）。ほかに、定額アートプランのスタンダード6,900円（10本／60分〜）。フットジェル、ケア系の施術も行っている。

物販までなかなか手が回りませんが、お客さまとの信頼関係もあるので、本当にいいと思ったものを置いています。

子ども連れのお客さまの来店時には、ソファの位置を90度動かしてキッズスペースをつくっている（写真・左）。

後は娘さんが3歳になるまで休業。その後、サロンに勤務し、娘さんが小学校高学年を迎えると、そろそろ開業を現実的に考えはじめ、小学校に近く、徒歩圏にあることを条件に物件探しをはじめた。

「府中エリアで事務所可の物件を片っ端から探しました。当初はテナントも視野に入れ、申し込んだこともありますが、やはり家庭の状況と営業体制を考えると負担が大きく諦めました」

賃貸マンションで営業するには、お客さまの出入りが許されることが条件の一つになる。

ようやく見つかった今のサロンには、経営と子育てを両立すべく、放課後に娘さんが立ち寄れるように彼女のためのスペースも確保している。

高齢者にも気軽にネイルを楽しんでほしい

売れる！
学べる！
Sales Point

開業後にも
知識と技術をスキルアップ

　サロン開業後にも立ち止まらず、知識と技術向上に努めることにより、サロンのメニューを充実させることも可能になる。佐藤さんが最近、必要だと感じているのは、爪周りの手入れに関する施術。そして足裏にトラブルを抱えている人が多く、もっと学びたいと語る。

「ネイルサロンでできることは、もっとあるはず。でも、無責任なことはできませんから、たとえば爪の構造まで勉強するなどしないと、これからは生き残っていけないと思います」

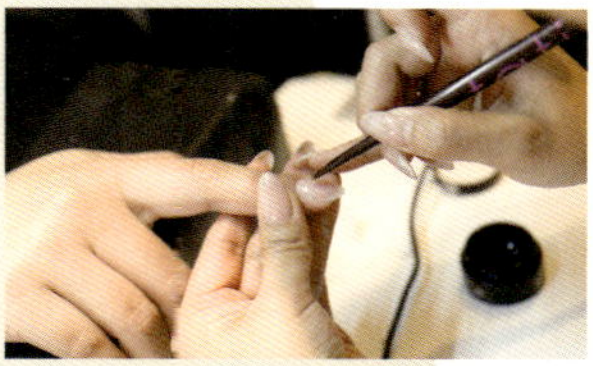

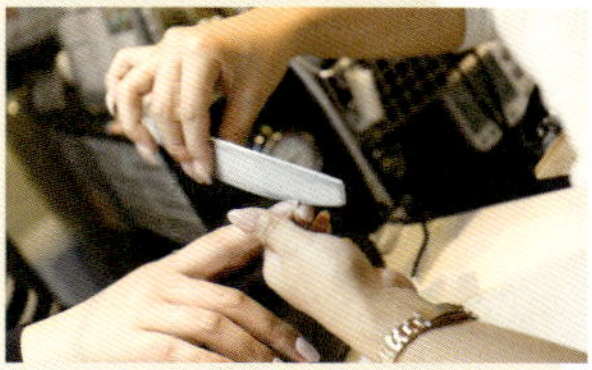

ネイルサロンでは爪を削るのでダストが多く衛生管理が重要。お客さま目線は厳しいと、佐藤さん。

「JNA 認定サロン」の証明書やジェルブランドなどの各種ディプロマをディスプレイ。

「SpaRitual」の製品は、あらかじめスクラブやパックなどの組み合わせを考えられたライン使いができることから選んだ。

割引価格のお試しセットや、紹介客への割引など、再来店していただくためのサービスを展開。

　お店のオープンは２０１６年10月。それ以前はサロンに勤務しながら出張サロンとデイサービスの仕事をしていた。その頃取得したのが〈整容介護コーディネーター〉の資格。当時、高齢者を相手にマニキュアを施したりすることが多く、もっとネイルを楽しむ高齢者と向き合おうと、介護の勉強をしようと思ったという。

　昨今の福祉・医療現場では、高齢者の美容ニーズに対応できる人材が求められている。そこで、高齢者の生きがいをサポートし、精神的なケアを行うことを目的とした資格だ。

「いくつになっても女性の喜びはあります。心のケアにつながる資格があればいいなと思いました。ネイルをするのに勇気がいるようなお年寄りにも気軽に来てほしいですね」

　お客さまのリピート率は８〜

お客さまに意識させないコスト削減

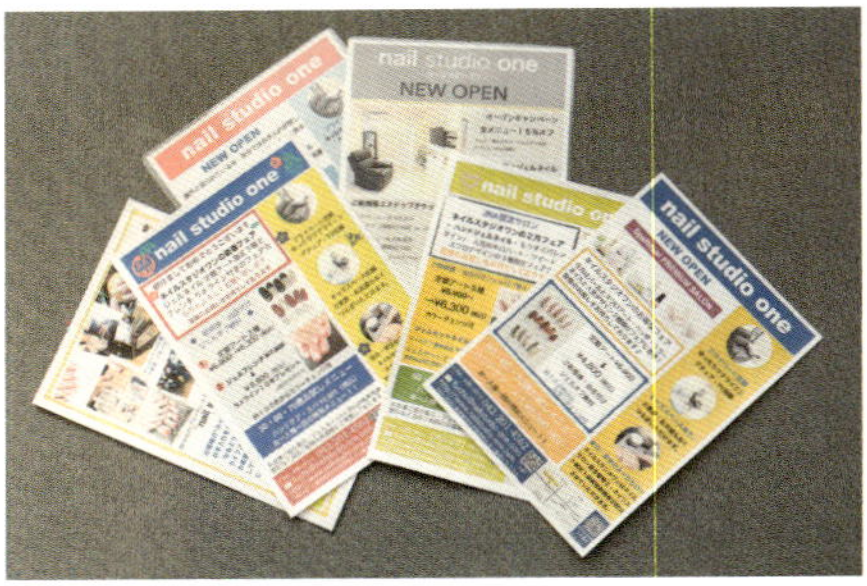

（左上）イベントなどに合わせて、パソコンでこまめに自作したチラシは簡潔でわかりやすい。（右上）モニターを設置するラックは、原状回復できるように突っ張り棒のアジャスターを活用して自作した。（左下）ネイル用電動チェアはボタン式のスッキリしたデザインで安く見えないものを厳選。（右下）ジェル入れは車の工具入れを活用。

9割。若い層は少ないものの、上は75歳までと幅広いファンを獲得している。

一人サロンでリピーターを獲得するには

オープン当初、クーポンサイトの有料プランを利用したが、予約が入りやすい反面、キャンセルも多いとわかった。サロン経営で悩みのタネになるのが、お客さまの突然のキャンセルや遅刻。キャンセル料を取るサロンは少なくない。

「ドタキャンは気にしないようにしています。その時間はサンプルづくりや掃除など、やることはたくさんありますから」とポジティブに考える。

佐藤さんが開業しようと考えたのは、スタッフを抱えるサロンには組織としてのルールがあるからだ。そこでは予約を埋めることが仕事になりがちで、お客さまの要望があっても、急な予約内容の変更は許されず、次のお客さまの予約時間があるので、追加サービスもできないことが少なくない。

一方、個人店では予約時間は少し長めに取るなど融通が利くし、子ども連れのお客さまも受け入れることが可能だ。

「お客さまにリピートしていただこうと思えば、はじめのカウンセリングが大事です。そのお客さまがどういうことを求めているかを、しっかり聞くように努めています」

佐藤さんは技術向上のための勉強も大切に考え、特化した技術を持つ先生のセミナーや講習会に参加するようにしている。

「最近はお客さまのほうが情報を持っていることも。ですから、勉強が大事。おいてけぼりになって、ご希望に対応できないというわけにはいきませんから」

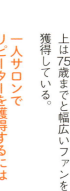

HOW to お店づくり

改装なしにそのまま使えたサロン向きの1LDK

物件選びは、娘と近くにいられるということが第一条件。お店づくりも手伝ってくれました。

PLAN DATA

広さ：約30㎡
ネイルチェア数：1台
スタッフ数：1人

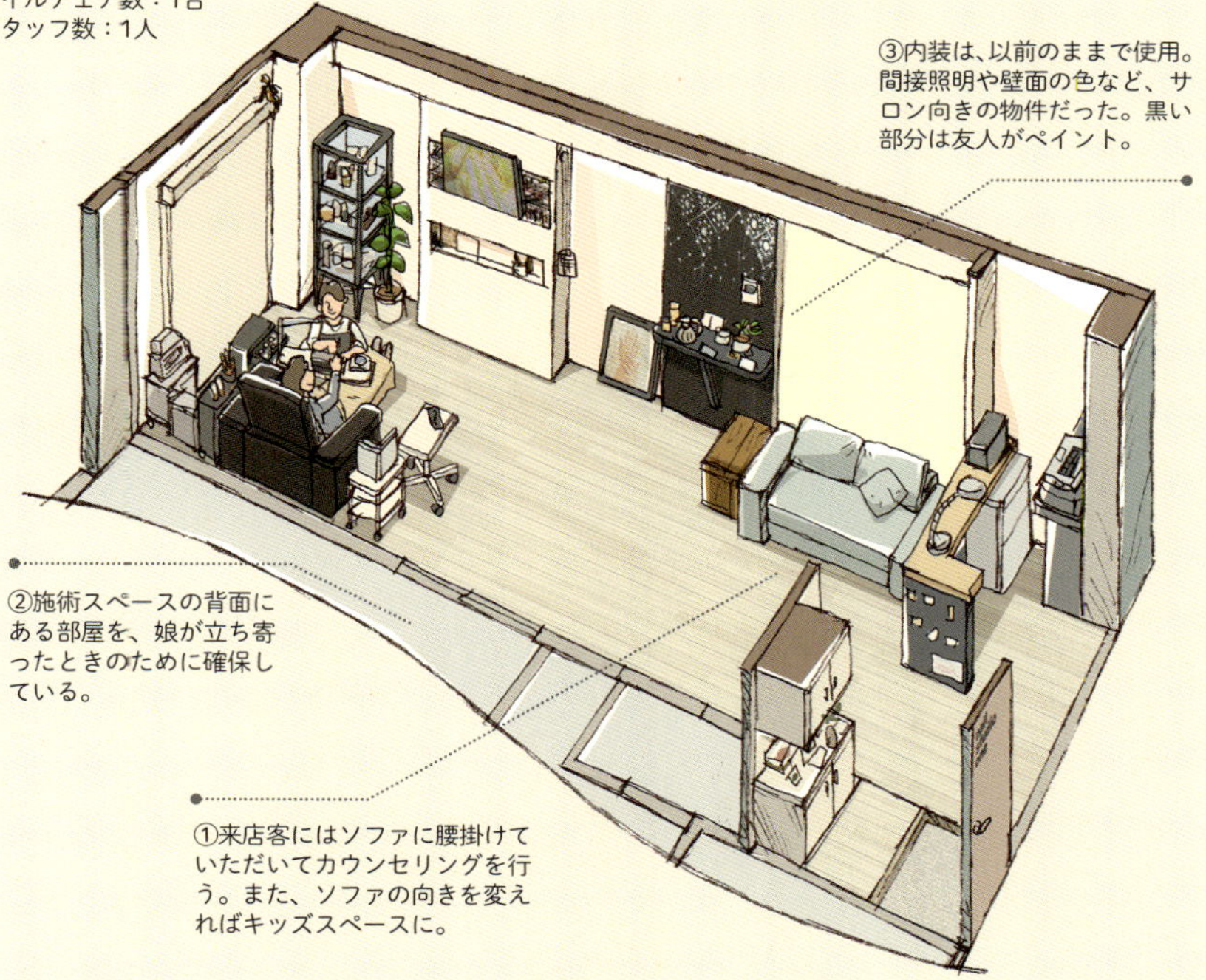

③内装は、以前のままで使用。間接照明や壁面の色など、サロン向きの物件だった。黒い部分は友人がペイント。

②施術スペースの背面にある部屋を、娘が立ち寄ったときのために確保している。

①来店客にはソファに腰掛けていただいてカウンセリングを行う。また、ソファの向きを変えればキッズスペースに。

これからのサロン経営を考える

一般に特殊技術を持つ人は、それだけで稼げると考える傾向がある。しかし、お店を継続させるには経営面での実務も重要な仕事だ。じつは佐藤さんも経理の難しさを実感している。

「経営者としては、お客さまからお金をいただく以上、仕組みをきちんとしておきたいのですが、難しい言葉が多いので苦労しています。3回目の確定申告はクラウドソフトを使って効率的にやりたいですね」

またサロンを一人で切り盛りする点では、メンタル面で注意したい。「チームワークではないのでプレッシャーが強い。開業してからも、貪欲に勉強していくこと。いつまでも上をめざし、モチベーションを持ち続けることが大事です」

Category 3

SNSにクラウドファンディング…新しいお客さまとの出会いの場を積極的につくり出す

白とブラウンで、落ち着いた色調の室内。ドライフラワーがシンプルな壁のアクセントになっている。

一般に敷居が高く感じられがちな完全予約制のプライベートネイルサロン。そのハンディをどうにかしようと、SNSやクラウドファンディングを活用した情報拡散とコミュニケーションで新たな出会いの場を創出。1カ月先まで予約が埋まる、小さな人気サロンを訪ねた。

開業資金

物件取得	39万円
資材・インテリア等	50万円
合計	89万円

内装やインテリアはシンプルに徹しているので、開業資金は最小限に収めることができた。

注目ポイント

個人サロン勤務時に独立を視野に入れ、発注なども経験したことが役立った

SNSやクラウドファンディングで新たな顧客と出会う場をつくる

プライベートサロンならではのトラブル対処策

ルリエ プライベート ネイルサロン

Relier Private Nail Salon

住所：東京都品川区大井町（番地は非公開）
TEL：非公開
営業時間：9：00〜22：00（L.O.19：30）
定休日：不定休
交通：JR京浜東北線、東急大井町線、東京臨海高速鉄道りんかい線「大井町」駅より徒歩7分

2016年、駅から徒歩7分、真新しいマンションの1室に移転した、完全予約制のプライベートネイルサロン。

「Relier」はフランス語で「つながる・つなぐ」を意味する言葉。大好きな祖母の「ご縁を大切にしなさい」という言葉から名付けました。

コースはクリアジェル3,000円、シンプルジェルコース5,000円、デザインジェルコース7,000円の3つ(すべてオフ代込み)。釣銭の手間を省くため、お札のみで会計ができるように設定。

個人サロンに勤めながらダブルワークを経て独立

東京・品川区にあり、住環境のよい街として人気のある大井町。駅から徒歩7分、真新しいマンションの1室に、完全予約制の「ルリエ プライベートネイルサロン」はある。

オーナーネイリストの荒牧千尋さんが、この道をめざしたのは高校生のとき。自分の爪にコンプレックスを持っていたが、ネイルを経験したことで、自分の爪がまるで生まれ変わったように美しく見えることに感動。この幸せな気持ちを、もっとたくさんの人に味わってほしいと思ったのがきっかけだ。

ネイルスクールを卒業後、個人サロンでネイリストとして働きながら、自宅でもネイルの施術をするダブルワークを4年間続けた。

開業ストーリー

2011	スクールを卒業後、個人のオーナーが経営するネイルサロンで働きながら、西新宿の自宅マンションの1室でネイルの仕事を行う
2015.2	「Relier Private Nail Salon」として独立
2016	現在の、大井町駅から徒歩7分のマンションに移転
2018.3	クラウドファンディングに挑戦し、目標額を上回る113,000円を獲得。資金獲得の目的であるイベントを開催する

お客さまを呼ぶ人気メニュー

もっと気軽にネイルに触れてほしい！と納得いただけるデザインをお手伝い

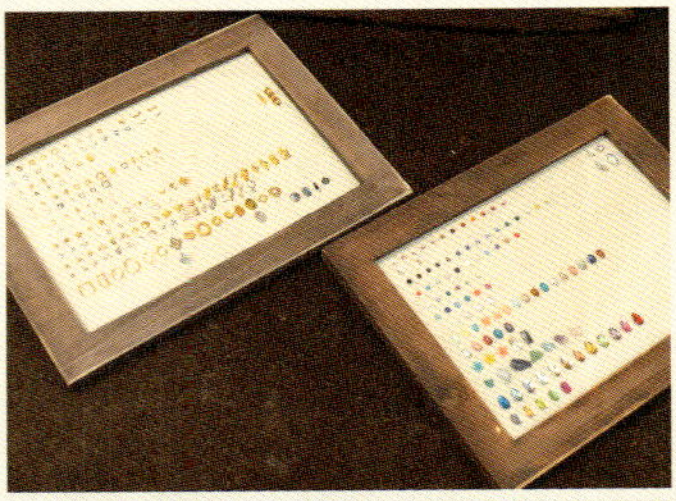

リクエストにこたえられるようにスタッズやシェル、フットネイルのサンプルなどを種類豊富に準備。新商品はインスタグラムなどで紹介。

デザインのアイデアを得るために、生花や家具のお店にも足を運ぶ。インテリアショップの壁紙からインスピレーションを得た作品も。

シンプルでナチュラルかつコンパクトな施術スペース。

新規のお客さまは緊張している方が多いですね。第一印象が大切だと思うので、つねに笑顔でお迎えするように心がけています。

「勤務先の個人サロンでは採用面接の際、将来は独立をめざしていることを伝えていたので、資材の発注などもさせてもらいました。その経験はとても役立っています」

２０１５年の２月に独立。月に60人のお客さまがいれば、仕事として成立すると考えていたが、20人を超えた段階で目途が立ったと判断したという。当時住んでいた西新宿のマンションの１室で、正式にサロンをオープンさせた。

SNSや口コミで集客 プライベート感を出す写真も

開業当時のお客さまは知り合いなどの口コミ客が中心。さらに集客を図るため、異業種交流会のパーティで名刺を配ったり、近所のレストランや自分が利用する整骨院にサロンのカードを置いてもらうなど、つねに

売れる！
学べる！
Sales Point

カラーをブレンドする
オリジナルサービスが人気

「『丁寧かつ繊細に』をモットーに、仕上がりはもちろん、カウンセリングをしっかり行い、納得したデザインになるようにお手伝いさせていただいております」と荒牧さん。

お客さまが自分の母親を連れてきてくれたりすることもあり、20代後半から50代までとお客さまの層が広いという。肌の色だけでなく、年代によっても似合う色が変わるので、お客さま一人ひとりに合わせて施術を行う。

なかでもカラージェルをブレンドして、オリジナルのカラーをつくり出す独自のサービスが人気だ。

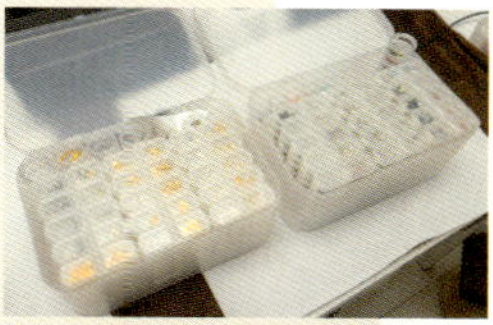

（上）無印良品の収納ケースはサイズがぴったりで、どの店舗でも同じ商品が手に入ることから愛用しているネイリストは多い。（下）ジェルをブレンドするときに使うパレット。

クラウドファンディングでは、初日で目標金額をクリア。イベントも大盛況だった。新たなお客さまとの出会いの場として、とても貴重な経験だったという（荒牧さんのインスタグラムより）。

施術の後はお会計をする間に、お茶とお菓子でおもてなし。

「自分のサロンを知ってもらうにはどうすればいいか」を考えて行動してきた。

SNSでの情報発信も欠かせない。とくにインスタグラムには必ず1日に1枚はネイルの作品をアップして、フォロワーへの情報発信を欠かさない。日々更新される作品を見て、DMで予約を入れてくれたり、「これと同じデザインで」とリクエストされるときもあるとか。

また、インスタグラムではネイルの写真のほかに、自分の思い出やおいしい料理など、プライベート写真も少しずつ織り交ぜてアップしている。

「私の人となりを感じてもらえれば、お客さまとの話題づくりにもなります。プライベートサロンというと構えてしまう人もいると思うので、そんな心理的なハードルを下げることにもつながればと思っています」

手づくり感のあるサロン空間

（左上）壁面の棚にはネイル用の資材がぎっしり。（右上）ウッド調の内装にドライフラワーがマッチする。（左下）サロンのカードやポイントカードはデザイナーの友人にデザインしてもらった。（右下）サンプルを並べたフレームは100円均一店で入手。中のマットは自分で取り換えた。シーズンごとに新作を追加する。

新たな出会いを求めて　クラウドファンディングに挑戦

２０１８年3月、荒牧さんはクラウドファンディングに挑戦した。簡単にクラウドファンディングを説明しておくと、独自のプロジェクトを実現しようと考える人が、ネットを通じて支援を呼びかけ、事業資金を獲得するための方法だ。

荒牧さんはクラウドファンディングで獲得した資金を元手にネイルイベントを開こうと、プロジェクトとして立ち上げた。

イベントの主旨は2つ。「ネイル未体験の人に、ぜひ試してみてほしいということ。もう一つはプライベートサロンをいきなり予約するのに勇気がいるという人に、ネイリストとしての自分を知ってもらう」ことだ。

運営会社のサイトにプロジェクトを発表したところ、目標金額の5万円を初日に達成。最終的には23人から目標額の倍以上の11万３０００円が集まった。23人の出資者のうち、4割は固定客以外だったという。

会場を借りて開催した2日間のネイルイベントでは、サンプルを見てもらったり、実際に施術を体験してもらったり、期待以上の効果を得られたようだ。

「クラウドファンディングでルリエを知った人から、イベント終了後にも予約の連絡が入ることもあります。既存のお客さまもイベントをきっかけに、改めて口コミで情報を広めてくださって、出会いの場としてとても貴重な経験になりました」

プライベートサロンでこそ　気を付けておきたいこと

1対1で施術を行うプライベートサロンは、お客さまにリラックスしてもらえるのがメリッ

HOW to お店づくり

プライベートサロンらしく落ち着いた空間をイメージ

本来は商用利用NGの賃貸物件ですが、入居時に大家さんと交渉。大人数が一度に出入りしないこと、騒音などを出さないことで理解を得ました。

PLAN DATA

広さ：約13㎡（ネイルスペース）
ネイルチェア数：1台
スタッフ数：1人

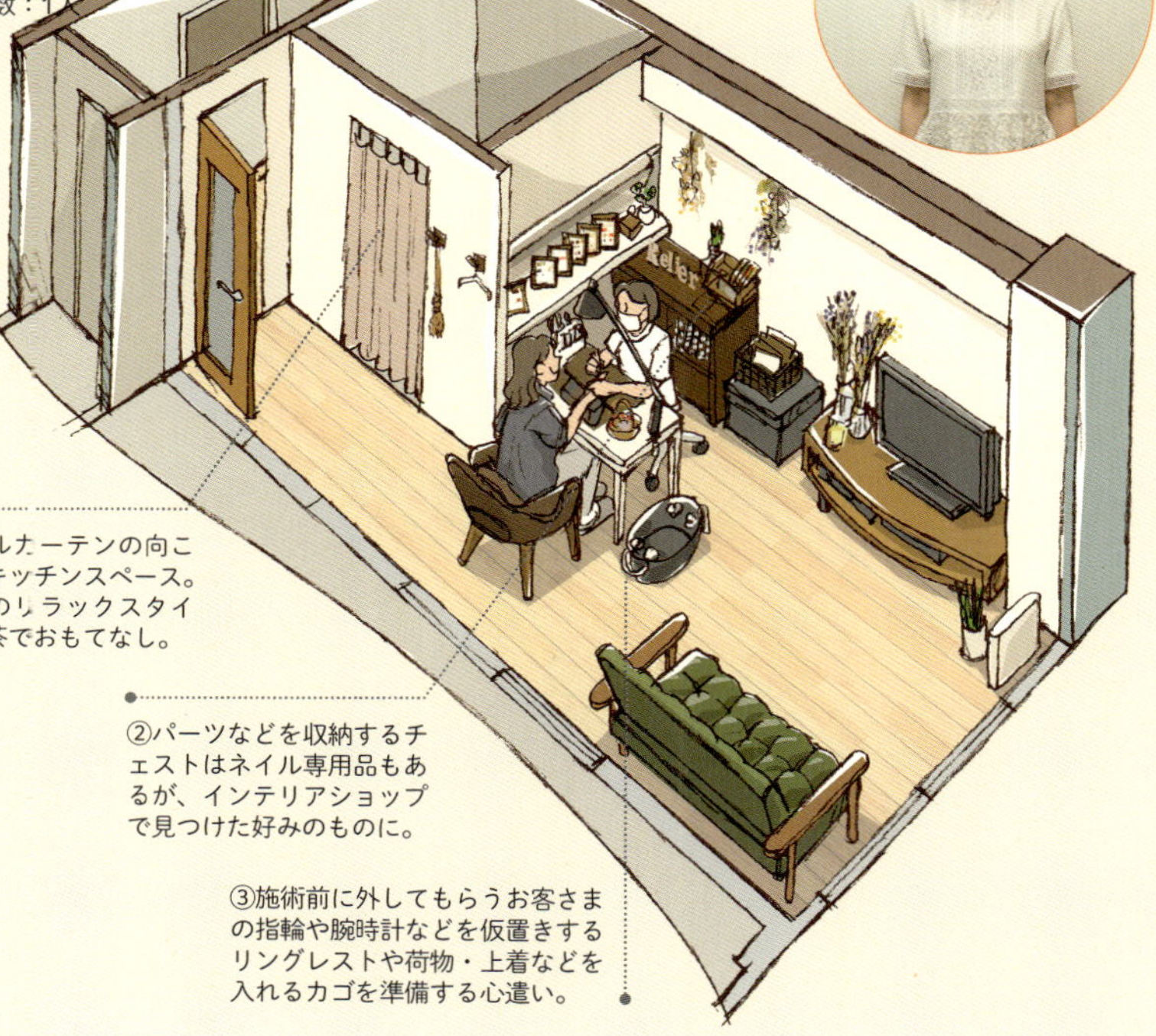

①ロールカーテンの向こう側はキッチンスペース。施術後のリラックスタイムはお茶でおもてなし。

②パーツなどを収納するチェストはネイル専用品もあるが、インテリアショップで見つけた好みのものに。

③施術前に外してもらうお客さまの指輪や腕時計などを仮置きするリングレストや荷物・上着などを入れるカゴを準備する心遣い。

トだが注意したいことも。「ルリエ」では1日に3～4人の予約を受け付けているが、選ばれたデザインや、お客さまの爪の状態により時間がかかることもあり、予約と予約の間に1時間ほどの余裕をみている。

また個人サロンを営む知人から「接客中に宗教やセールスに勧誘された」という話を聞くことも。その備えとしては、「次の予約が入っているから」とお断りの文句を考えておく、新規のお客さまには施術が終わるころに電話が鳴るよう、アラームをセットしておくなどの対策があると安心という。

今後はネットショップでネイル用品の販売を実現したいと準備を進めている荒牧さん。将来はかつて働いていた個人サロンのように、独立をめざす人を雇って後押ししたいとも考えているそうだ。

有名予約サイトが主催する、口コミをもとにした優秀サロンとして、数々の受賞歴を誇るブラジリアンワックス脱毛のサロン。8 坪程度の小さなサロンに、月に約 200 人ものお客さまが訪れる、その理由とは?

開店当初は月の来店客数約20人程度ではじまったお店が、3年余りで月間約200人が訪れるサロンに成長。

お客さまを安心させ、低価格でさっぱり! 心が通うワックスサロン

注目ポイント

お客さまを安心させるために、やさしく声をかけながら行う施術

人気の施術メニューに合わせた用品販売が売上の10%を占める

お客さまの悩みに応えるための、安価かつ短時間でできるメニュー開発が人気

mars 浦和店《マーズうらわてん》

住所：埼玉県さいたま市浦和区高砂2-6-14 小泉ビル1F
TEL：048-832-5224
営業時間：10:00〜19:00（最終受付18:00）
定休日：水曜日
交通：JR 浦和駅から徒歩3分

開業資金

物件取得費（保証金なし）	70万円
内外装工事費	200万円
備品（ベッド、スチーム、パソコンなど）	70万円
運転資金	300万円
合計	640万円

目立ちやすい路面店だが保証金がなく物件取得費は低め。また運転資金は300万円と多めに準備。

JR浦和駅から徒歩3分の路面店。地方から出てきてちょっと心細い学生が素に戻れたり、結婚・出産などの人生の節目に寄り添える場所をめざして運営している。

毛髪診断士の知識を生かして、お客さまのきれいをお手伝いさせていただいています。

アットコスメベストサロンアワード受賞の人気店

ワックス剤を肌に塗布し、はがしていく脱毛のことを「ワックス脱毛」という。とくにビキニラインのワックス脱毛はブラジリアンワックスと呼ばれ、人気の脱毛方法だ。

埼玉・JR浦和駅近くにあるブラジリアンワックスのサロン「マーズ浦和店」はインターネット予約サイト、アットコスメが行うベストサロンアワード2017の「エリア賞 関東部門1位」および「関東エリア脱毛・シェービング部門1位」などの受賞歴を誇る人気店（3年連続の受賞）。

8坪程度の小さなサロンに、月に約200人ものお客さまが訪れる。その8～9割が、VIOというビキニラインを中心とするデリケートゾーンの脱毛を希望するそうだ。

VIOの施術は、下半身は裸になってベッドに寝た状態で、足を動かしたり横を向かせたりしながら、脱毛を行う。

とくにはじめて脱毛を経験するお客さまは、恥ずかしさで緊張する人が多い。

開業ストーリー

- **2010.4** 美容室を運営する会社、imexに入社。顧客管理システム支援、物流、経理、経営企画等にたずさわる
- **2013.4** 会社でブラジリアンワックスのお店を出すことになり、店長に抜擢される
- **2014.4** 「ma-s浦和店」をオープン
- **2017.10** 群馬県高崎市に濱田さん個人のお店「DAY SPA&WAXING Re;blank（リブランク）」をオープン

お客さまを呼ぶ人気メニュー

とにかく、さっぱりしたいとき ウチに来れば何かある、と思われたいですね

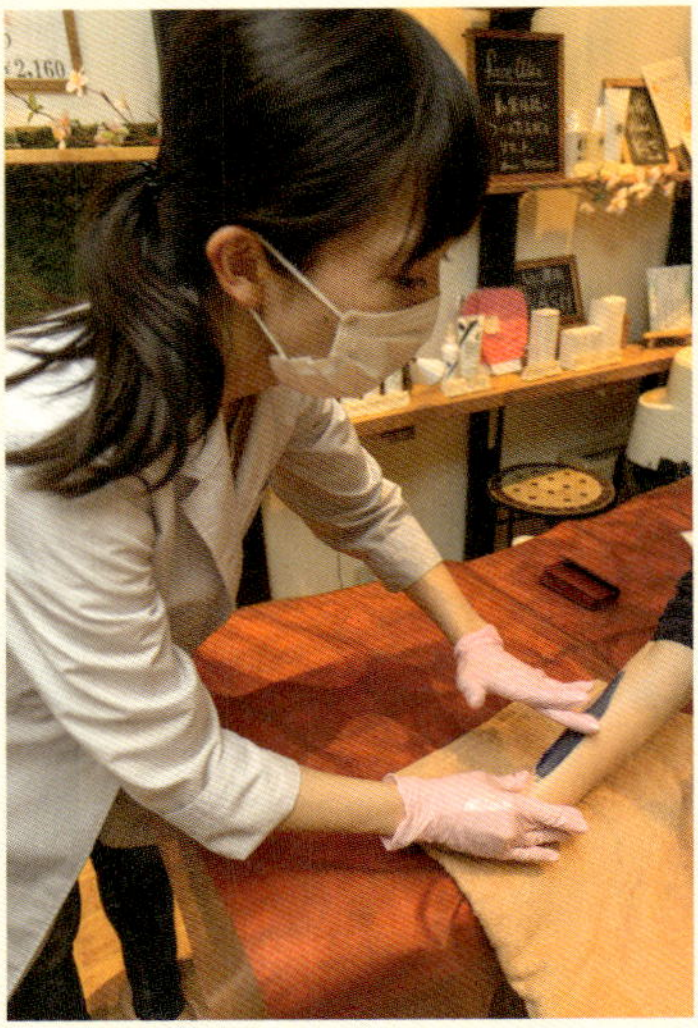

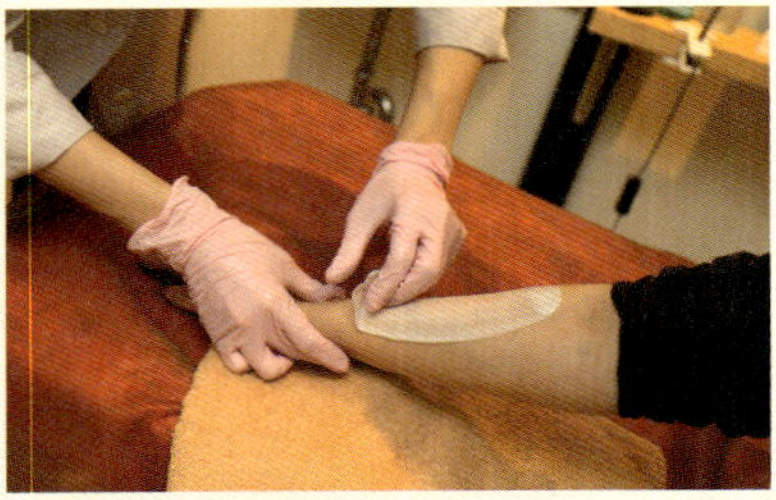

ブラジリアンワックス脱毛の料金は、VIO（またはIO＋Vデザイン）クイックコース60分が8,640円。ワックスは物理的に古い角質を取り除くので、肌がツルツルになり、黒ずみも薄くなるという。

ワックス脱毛は、毛根から毛を抜くので、次に生えてくる毛がカミソリで剃るよりもチクチクしません。

@cosme
@cosme

「手探りでやってきたことが賞という形で評価されたのは、大きな自信になりました」（濱田さん）。

「ですから堅苦しい接客だと、お客さまは余計に緊張してしまいます。近所のおばさんのイメージで、アットホームな接客を心がけています」と、店長の濱田篤美さん。

そこで、「恥ずかしいよね？ わかるよ。でも、大丈夫」と、やさしく声をかけながら施術する。濱田さんの声はソフトで、人を安心させる響きがあるからだろう。利用者の口コミを見ても、高い評価が並ぶ。

「技術的なことは平均より少し上ぐらい」と濱田さんは謙遜するが、「お金が発生しない部分でのサービスが評価されているのでは」と言う。

たとえば、入籍を控えているお客さまにはお祝いの気持ちでマッサージをプレゼントしたりする。メニューにはないが、お客さまに喜んでいただけるような、ちょっとした気遣いを心が

売れる！
学べる！
Sales Point

使用するワックスは
お客さまに丁寧に説明

濱田さんは、開業当初からさまざまなワックス剤を試し、肌に負担が少なく、きれいに仕上げられる材料と施術をつねに追求している。

「今はハードとソフト、セミハードの３種類のワックスを、お客さまの肌質、毛質に合わせて使い分けています」という濱田さん。

施術者にとっては当たり前のことでも、お客さまにとってはそうでなかったりする。

どんなワックスを使うのかなど、お客さまの一人ひとりに丁寧に説明するよう心がけているそうだ。

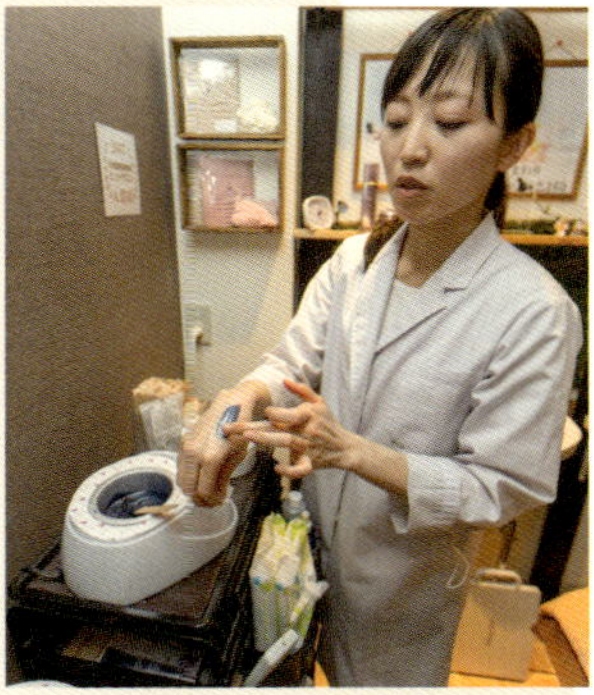

ブルーが特徴のハードワックス。ワックスをはがすときも痛みはそれほどない。

全身をトータルでケアできる商品をそろえている。とくにおすすめはシャンプー。米の麹を使った商品でサロン専売品だ。

手書きのオプションメニューは、安くてパッとできることをアピール。

オプションメニューは好きなものを選び、ギフトチケットとしても利用できる。

けている。「もともとそうやって喜んでいただくのが好きな性格」なのだそうだ。

売上の約1割が物販
ホームケア商品が人気

ほとんどの人が、デリケートゾーンをいろいろな人に見られるのは嫌だと思っていることだろう。

「マーズ」のお客さまも半分はリピーターだ。リピーターの来店頻度は早い人で1カ月に1回、平均は2～3カ月に1回程度。とくに閑散期の営業戦略が不可欠になる。

「開店当初は月の来店者数は20人程度だった」というお客さまの数は、繁忙期に増え、閑散期に少し減りといった動きを繰り返しながら約3年で10倍に。昨夏の繁忙期（8月）の月の売上は200万円になった。

スキンケア用品など物販も行

2つのワックスルーム

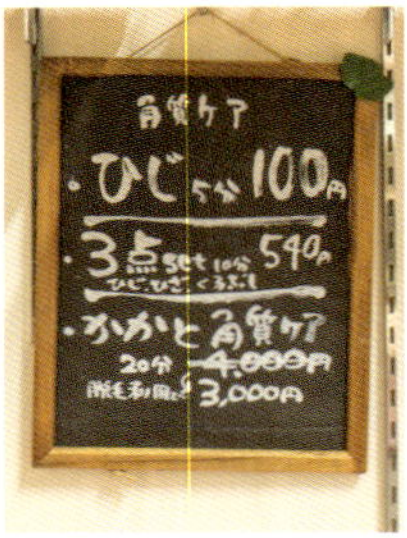

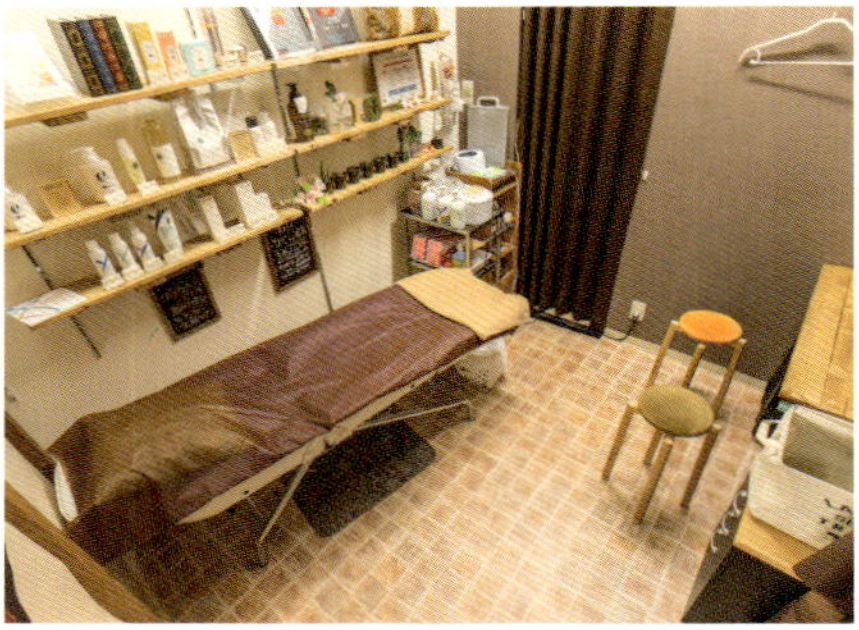

（右上・右下）ブラジリアンワックスは店の一番奥の２つのスペースで行う。カーテンで仕切り、照明も明るくなりすぎないように。（左上）デリケートゾーンをケアする保湿用の商品。（左下）低価格のオプションメニューも人気。一番人気は、肘・膝・くるぶしの「角質ケア３点セット（税別500円）」

っており、売上全体の約10％を占める。デリケートゾーン用の保湿剤や洗浄剤など、人気の施術メニューに合わせた商品が売れ筋という。

「押し売りはイヤなので、特別に購入をすすめることはない」そうだが、デリケートゾーンのケア用品は「どれを選べばいいのかわからない」人が多く、サロンで扱っているものなら安心だろうと買っていく人が多い。

また、デリケートゾーンに気を遣う人は、頭皮など全身のケアにも気を遣っている傾向がある。そこでシャンプーも含め、全身をトータルでケアできる商品をそろえ、カウンセリングで保湿の重要性などを伝えながら要望のあるお客さまに紹介している。

安く短時間でできる オプションメニューが好評

お店をオープンして最初に来てくださったお客さまのことは今でも鮮明に覚えている。

「VIO脱毛をすでに経験したことのある方で、私の不慣れな接客もおおらかに構えてくださいました。会員番号1番の、このお客さまは今も来店してくださいます」

そんな出会いもあって、「お店も自分も、お客さまに育てていただいている」という思いが強いという。そして、お客さまとのコミュニケーションを通じて気が付いたことは、積極的にサロン経営に取り入れるようにしている。

その一つが、安く短時間でできるオプションメニューの開発だ。お客さまと会話するなかで、肌の黒ずみ、かさつきなど、じつにさまざまな悩みを抱えている人が多いのだが、あまりお金をかけられるわけでもない、と

HOW to お店づくり

美容院と同じレベルの衛生管理の行き届いたサロン

PLAN DATA

広さ：約8坪
ベッド数：2台
スタッフ数：2人

ヘアケア・スキンケアコーナーも充実。「こんな商品ないかな?」という方のために肌や髪の悩みに合わせた商品も。
③ワックスサロンは美容院と違って美容所登録は不要で衛生面は自己管理が必要だが、美容院と同レベルで行っている。
①ホームケア用品などの物販は売上全体の約10%。デリケートゾーン用の保湿剤や洗浄剤など、施術メニューに合わせたものが売れ筋。
②デリケートゾーンを扱うサロンなので、外から中の様子は見えないようにしている。

いうことがわかってきた。「パッと払える金額でパッと悩みを解決できるメニューがあれば、お客さまにもお店にもウィンウィンになる」。そう考えて生み出したのが、ワンコイン感覚でできるオプションメニュー。

そのなかの一番人気は、肘・膝・くるぶしの「角質ケア3点セット（税別500円）」だ。ワックスは毛と一緒に古い角質をはがすので、黒ずみが薄くなるのが目視できるし、ツルツルも実感できる。

「とにかくさっぱりしたいときにウチにくれば何かある、と思っていただけるとうれしいですね」

「ただいま！」と、お客さまが来店して、「おかえり！」とお迎えできるようなサロンにするのが夢という濱田さん。そのやさしく包むような真心が、お客さまを呼んでいるのだろう。

Category 4

日本人に合わせたタイ古式マッサージは弱圧、強圧にも対応。全身コース（アロマ足浴5分付き）45分3,900円。

埼玉県の越谷駅から歩いて５分ほどの場所にある完全個室のサロン。サンダルウッドが香り、こだわりの音の流れる店内は落ち着いた雰囲気。男性客に好評だというタイ古式マッサージは、なかなか施術に踏み出せない女性にもおすすめしている。

サウンドセラピーのシンギングボウルを使ったトリートメントは、脳が活性化し、心と身体のメンテナンスにおすすめ

硬い筋肉をストレッチと適度な圧でほぐす日本人向けタイ古式サロン

開業資金

物件取得費	30万円
備品費（PC、看板、マット、タオル、冷蔵庫など）	20万円
スクール代	35万円
合計	85万円

開業資金は、すべて自己資金で賄った。物件はデザイナーズ仕様で、改装することなくサロンとして使っている。

注目ポイント

開業してみると顧客ニーズが予想とは違うことも

施術レベルをキープするための技術向上

リンパ、ストレッチを学びたいというニーズに応えて講座開講などの仕事も視野に

タイ古式《こしき》・リンパマッサージ prana《プラーナ》
住所：埼玉県越谷市越ケ谷1-12-23 kurasu103
TEL：048-940-8770
営業時間：14：00〜23：00（最終受付21：30）
定休日：不定休
交通：東武伊勢崎線「越谷」駅より徒歩5分

タイ古式・リンパマッサージ
prana
プラーナ

日本人にちょうどよい「イタ気持ちよさ」と、日本人の体格や体質に合わせたタイ古式を提供しています。

（右上）マンションのエントランスに、お店の幟旗とメニュー表を設置。（左上・下）お客さまをお迎えする入口付近には、控えめながらもおもてなしの心を表わす。

強圧希望の男性が好むタイ古式マッサージ

「世界でもっとも気持ちがよいマッサージ」と、よく紹介されるタイ古式マッサージ。日本人セラピストによる、日本人向けのタイ古式マッサージで人気を集めているのが、埼玉県越谷市にある「タイ古式・リンパマッサージ プラーナ」だ。

「開業してみたら、個人店でタイ古式を希望するのは多くが強圧希望の男性。これには驚きました」と笑うのは、オーナーの大谷麻美さん。

タイ人の行うタイ古式店は強めでハードな施術が多く、筋肉の硬い男性に好きな人が多い。

「日本人が行うタイ式の店は多くありません。タイ式は好きだけど、タイ人の店だと言葉が通じなかったり、施術がハードすぎたり、不安があるという人が、

開業ストーリー

- **2011** 埼玉県戸田市の大手オイルトリートメント（リンパマッサージ）チェーン店で働く
- **2013** エステティックサロンの店長に。ここで脱毛のスキルも身につける
- **2015** 越谷市のタイ古式マッサージ店で働く
- **2016.7** 「タイ古式・リンパマッサージprana」をオープン。当初は前職のタイ古式マッサージ店とかけもちで働き、2017年1月に完全独立

お客さまを呼ぶ人気メニュー

明日から頑張れそう！と思っていただけるようなサロンにしたい

全身の筋肉を伸ばすので、揉み返しが起こりにくく代謝もアップするという。

入口側のキッチンスペースは、間仕切ってワークスペースに。施術後は「生活の木」ブランドのハーブティーを出している。

老廃物のつまりをしっかり流すことで、むくみやだるさが取れ、施術後は身体がすっきり軽くなります。

独自にブレンドしたアロマオイルの香りのサンプル。オイルトリートメントに使用するのは良質な100％天然のホホバオイル。

ここに集まってくるようです」

インターネットの口コミを見ると、男性からの書きこみも多い。たとえば、「強め希望でガッツリやってもらえた」など、技術の高さを評価するコメントが並ぶ。

大谷さんのタイ古式マッサージは、リラックスしてもらうための足湯とアロマでスタート。まず脚全体をマッサージする。足先から頭のてっぺんまで、経路と同じようなセンというラインを体重をかけてゆっくりと、もみほぐしていく。お客さまに背中や腰などハリのある部分を尋ね、仰向け、横向き、うつぶせ、座位など姿勢を変えながら、身体をのけぞらせるようにして、しっかり伸ばしていく。

最初は、強圧希望の男性の要望に、体力的な限界を感じることもあったが、スクールや講座に通ったり、自分で調べたりして乗り越えてきた。今も「効かせツボをがっちり押さえられるようになりたい」と、フラフープで体幹を鍛えるなど、自己鍛錬は怠らない。

タイ古式マッサージは2人で行うヨガ?

開業前はリンパマッサージ店に勤務していた大谷さん。自分自身が「リンパマッサージは身体によいし、気持ちがいいから好き」だったが、施術者としての負担が大きく、疲労を感じてもいた。同僚で身体を壊す人もいたらしく、大谷さんも冷え症に悩まされたという。

これでは「長くは続けられない」と感じていたころ、タイ古式マッサージについて知人から話を聞き、興味を持った。「2人で行うヨガ」といわれるくらいセラピストの身体にもやさしいことを知り、たまたま近所の

売れる!学べる! Sales Point

自分で効果を実感して取り入れたシンギングボウル

チベットの法具であるシンギングボウルを使ったトリートメントも取り入れている。倍音といわれる音の振動により、体液循環を促し老廃物が排出されやすくなるのだそうだ。

たまたま近くのサロンでシンギングボウルを使ったサウンドセラピーをやっていて、そこで体験してみたら体液が波打つような波動を感じ、その夜は眠れないほどだったという。

シンギングボウルを使ったケアを積極的に進めない団体もあるが、大谷さんはその効果を自分で実感したため、シンギングボウルの講座に通い、希望者にはメニューとして提供している。

エスニック系の雑貨店で目にしたときから気になっていたというシンギングボウル。

チベットの僧の念が入っているという曼荼羅の絵を飾って雰囲気を出している。

自宅のインテリアもエスニック系なので、照明などの備品は手持ちのものが多い。

肩甲骨と股関節の模型はお客さまに説明するとともに、自分で見て確認しながら施術をするのに使う。

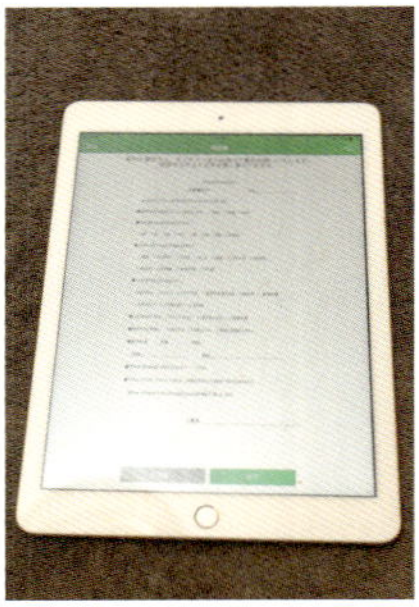

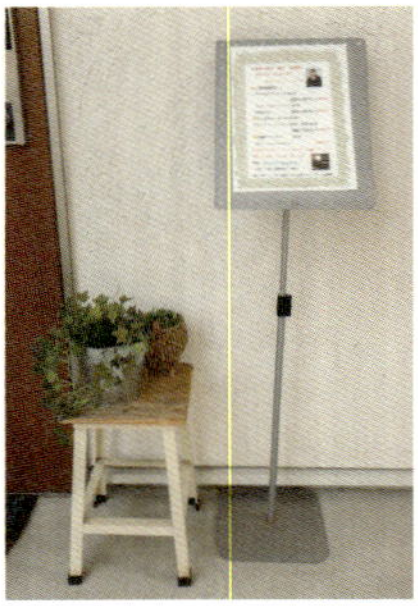

素材と使用感にこだわり

（左上）カルテ作成はタブレットを使ってスピーディに。（中央）メニュー表には顔写真を入れることで安心感を与えている。（右上）カウンセリングスペース。（右下）タイ古式マッサージで使用するマットは「サバイＤＸ」というもの。硬さや柔軟性にこだわった。タオルは高級タオルで有名な今治のもの。

タイ式マッサージ店で募集があったことから、すぐにそのお店に移り働きはじめた。

　タイ式マッサージの技術は、勤務先の研修で2週間泊まり込んで習得したほか、自分でもスクールに通って技術を磨いた。実際にお店に出て施術を行ううちに冷え症が治ってしまい、タイ古式のよさを改めて実感したという。

　やがて、独立開業を視野に入れていたところ、たまたまデザイナーズ仕様の築浅物件に出会う。そして、「他の人に借りられる前に」と、物件契約したのが独立のきっかけだった。

「高校生だった息子がいたので、いざとなったら息子が住めばいいや、くらいの気持ちで契約しました」

　勤務先のお店で後任の施術者が決まるまで、しばらくはかけもちで働きながらのスタートになった。

リンパマッサージとタイ式両方のよさを取り入れたい

「プラーナ」のメニューはタイ式マッサージのほか、オイルのリンパマッサージもある。

　通常のリンパマッサージは表面を軽く撫でるようにしてリンパ液を流すが、大谷さんが行うのは深部リンパマッサージで、筋膜の下にある深部リンパを流す。当然、力が必要で、そこは男性客に定評のある大谷さんならではのこだわりがある。

　次のリンパ節へとリンパ液を余すことなく持っていくために、一度も力を緩めずに、一気に長い距離をつなげる。体力を使うために大変な施術となるようだ。

さらなる技術向上と指導者としての仕事

HOW to お店づくり

施術マットは寝心地のよさと絶妙な硬さにこだわり

間接照明が照らす空間に、アジアン雑貨をチョイス。完全個室なので周りの目も気になりません。

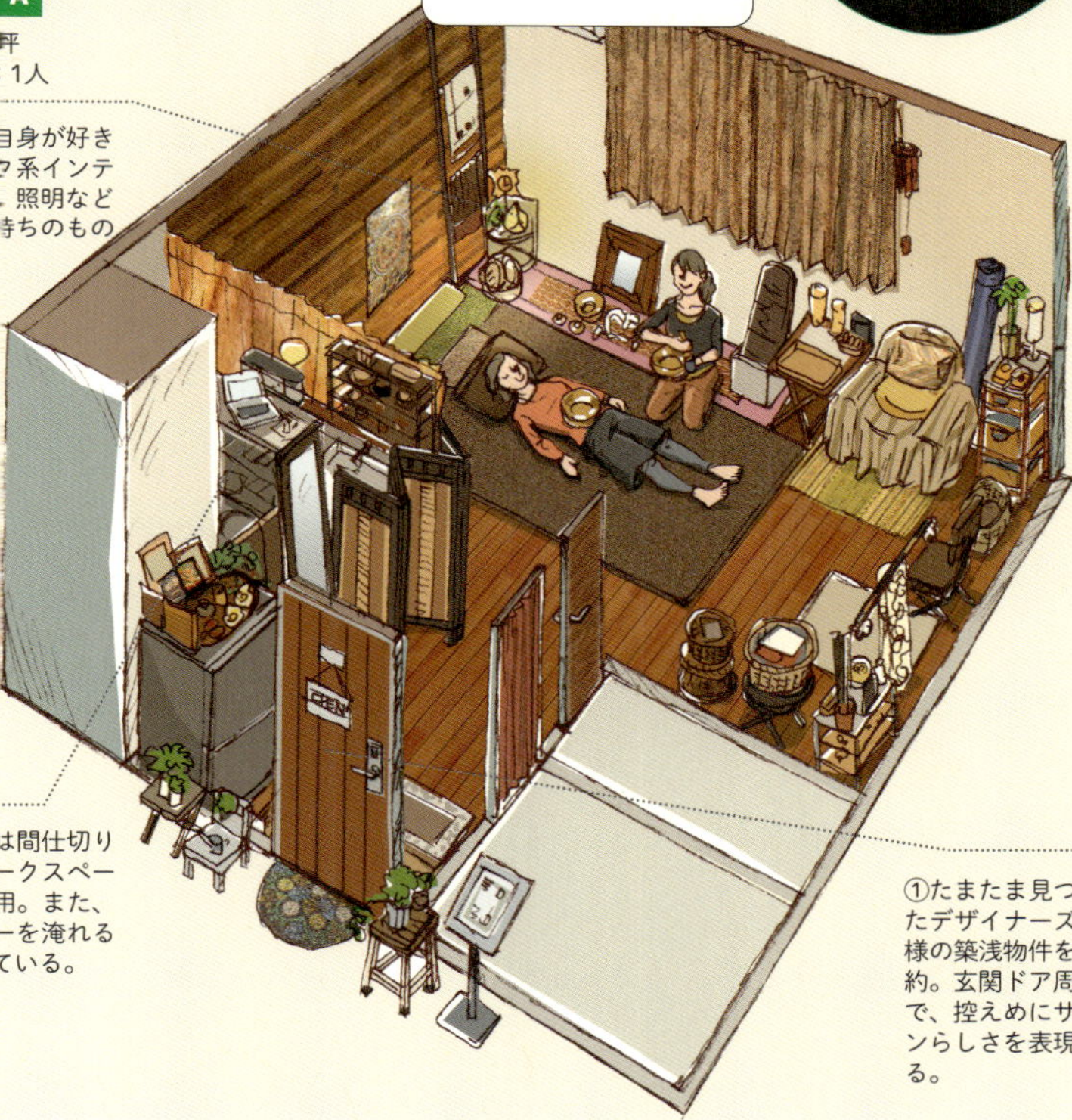

PLAN DATA

広さ：約4.5坪
スタッフ数：1人

③大谷さん自身が好きなエスニック系インテリアで統一。照明などの備品は手持ちのものが多い。

②キッチンは間仕切りを置いてワークスペースとして活用。また、ハーブティーを淹れるのにも使っている。

①たまたま見つけたデザイナーズ仕様の築浅物件を契約。玄関ドア周りで、控えめにサロンらしさを表現する。

施術者は、つねに技術向上をめざして自分の腕を磨くのが常識だ。大谷さんも現在、指圧スクールや内臓ケアの講座などに通っているが、そのため休みが多くなり、利益はトントンという。しかし、講座が終わりフルに予約が入れられるようになれば、売上増は期待できる。

そして、「自分や家族のためにタイ古式マッサージができるようになりたい」という人のためにサロンでマンツーマンの指導をしているが、今後はサロン外で指導者としての仕事にも力を入れていきたいと考えている。

「タイ古式は奥が深い。他で習ったけれど、難しくてできないという人が多いですね。でも難しいぶん、習いたい人がたくさんいる。施術しながら教えることも並行してやっていって、サロンを長く続けていきたいと思っています」

成功するためのコンセプト設計

タイ古式の苦手な女性ニーズを掘り起こす

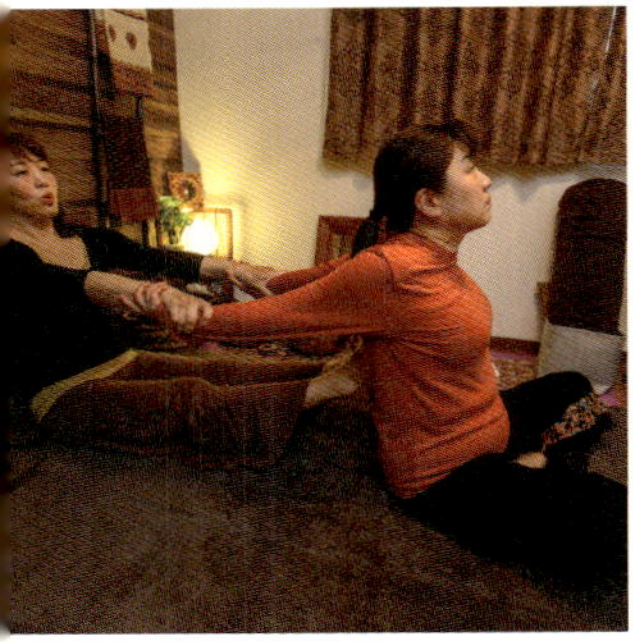

大谷さんは、いずれはリンパを流す講座を開きたいと語る。

背中や腹部、脚などに合わせ、一定のリズムでシンギングボールの縁を撫でると、楽器のように心地良い音色が奏でられ、リラックス効果が得られる。

ここがいいね！

- 習ってみたいという人のためにテキストを作成して指導も行っている
- 我慢が必要なところは声掛けして我慢してもらうことも
- 今後は、できればスタッフを雇ってサロン経営をしてみたい

タイ古式やリンパのよさをもっと知ってほしい！

大谷さんのリンパマッサージは深部リンパ、スウェディッシュマッサージ、筋膜リリース、ストレッチなどさまざまな要素を組み合わせている。

開業当初、女性客はほぼオイルトリートメントを希望していた。女性は細く筋肉がやわらかいのでタイ古式は苦手な人が多いのだという。しかし、大谷さんはタイ式のよさを女性にもっと知ってほしいと考えている。

「タイ式は弱圧にも強圧にも対応できますが、お客さまに我慢してもらっても、ある程度痛くてもらったほうがいい部分も。そこを理解していただくのが難しいところです。ここだけ我慢してもらえますかなど、細かく声掛けするように気を付けています」

その思いが伝わり、今はタイ

お気に入りのアジアンテイスト

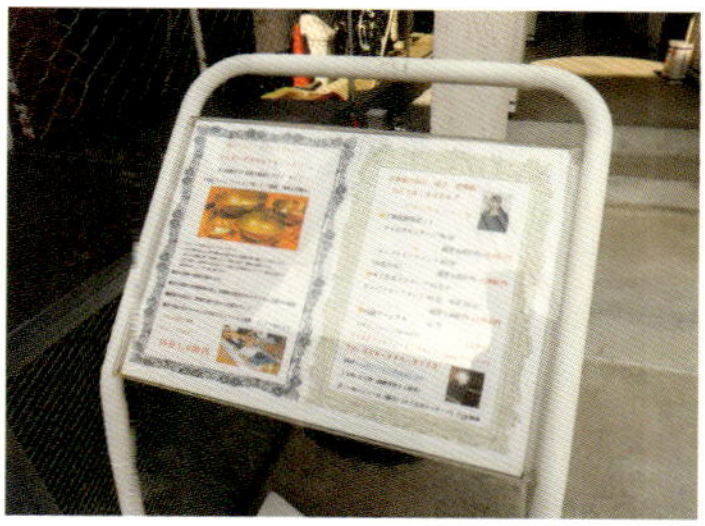

（右上）タイ古式、リンパをはじめ、アロマ検定1級など、さまざまな資格を取得。（左上）サロンのあるマンションのエントランスに設置しているウェルカムボード兼メニュー表。（右下）ブラシ、ヘアゴムなどのアメニティーもアジアンテイストで統一。（左下）インド香で有名な「HEM」などを用意して、リラックスしていただける空間に。

式を希望する女性が増えてきているそうだ。

また、リンパでもあまりの気持ちよさに習ってみたいという人が多く、手書きのテキストを作成し、希望者には練習のお手伝いをしている。

大谷さんの近い将来の目標としては、ベッドも置けるような、もう少し広い物件に移りたいと考えている。また、指導者の仕事と両立できるように、できればスタッフを雇ったり、他のセラピストと一緒に働きたい気持ちもあるという。

カフェの開業を断念し
初期投資の少ないサロンで成功

大谷さんはカフェ開業が夢だったが、開業資金がかかるのと、生活していくのに現実的ではないと断念。健康には興味があったので初期投資のかからないリラクゼーションでの開業をめざすことに。個人サロン勤務、店長経験などを経て、念願のサロンをオープン。

現在、「プラーナ」は、サイトの口コミを見て予約する新規客が増え、従来のお客さまの予約が取れにくい状況だという。

メンバーズカードの裏面にポイントがためられる。10ポイント（3万円分の利用）で1 000円引きに。

Category 4

カップルや夫婦客を同時に施術できるように、ベッドを2台設置したルーム。とくに週末は利用率が高まるという。

神奈川県のサロン激戦区である関内、桜木町周辺に店舗を構え、本場タイ仕込みのタイ古式マッサージを軸にした施術を行う。オープンから5年後、他店との差別化を図るため、大リニューアルを敢行。その結果、大きな飛躍を遂げた。そのノウハウとは?

極上の空間で贅沢な時間を過ごせる本格的なリラクゼーションサロン

開業資金

＊リニューアル時

物件取得費	250万円
内装工事費	1,500万円
備品	200万円
合計	1,950万円

2011年の開業時は、家賃18万円（現在は40万円）、物件取得費250万円、内装工事費350万円、備品費100万円。

注目ポイント

激戦エリアで差別化を図るための、一大リニューアルオープン

ターゲット客の見直しによる、施設やサービスの変更

ネットマーケティングによる安定した新規集客の確保

WANDEE《ワンディー》

住所：神奈川県横浜市中区日ノ出町1-19　横浜サンライズビル8F
TEL：045-326-6493
営業時間：11：00〜25：00
定休日：なし
交通：京浜急行本線「日ノ出町」駅よりすぐ、JR「桜木町」駅より徒歩6分

ウェイティングスペース。タイから輸入したソファや小物など、細部にまでこだわる。タイ王宮をイメージした、上質でリッチな雰囲気が漂う。

カップルのお客さまは、オペレーションが一度で済みますし、店側のメリットは大きいですね。

美しく整えられたガウンの上には花を飾って、お迎えの気持ちを表現。

競合との差別化を図るため開業5年目にリニューアル

神奈川・横浜界隈随一のサロン激戦区として知られる関内、桜木町エリア。日ノ出町駅から歩いてすぐ、さまざまなサロンが入るビルの8階に、タイ古式マッサージを軸にした施術を行う「ワンディー」がある。

　オーナーの西出典平さんの妻、ワンさんがタイ古式マッサージのベテランセラピストとして店長を務め、現在スタッフは14人（そのうちタイ人が10人）。贅沢な空間で、極上のサービスを受けられると定評がある。

　オープンしたのは2011年、順調に経営していたが、その2年後あたりから周辺エリアに競合店が増えていくことに、西出さんは懸念を抱きはじめる。そして開業5年後の2016年、他店との差別化を

開業ストーリー

2009 西出さんの妻・ワンさんが日本でタイ古式マッサージのサロンで働きはじめる

2011 激戦区である京急・日ノ出町駅前で、商業ビル8階の一角を借りて、「WANDEE」をオープン

2013 この頃から、同地区に競合が多く現れるようになり、売上向上のための対応策を検討しはじめる

2016 商業ビル8階の隣のルームも借り、フロア全体を店舗にする大リニューアルを敢行

お客さまを呼ぶ人気メニュー

ゴージャスな各ルームで深夜2時まで行き届いたおもてなしを提供

(右) アロマリンパドレナージュルーム。各施術室にはシャワールームが付いており、プライバシーを確保。リニューアル前は共同のシャワールームが一つあるだけだった。(左) タイ古式ルーム。一人でゆったり使う個室にも、ペア個室にもできる。

お客さまの要望を瞬時につかんで、対応すること。そうした接客や雰囲気づくりといったスキルも磨いています。

ペア専用のプライベートルームに設けられた、高級感のあるジャグジー。

図るため、内装費に1500万円をかけた大幅なリニューアルを実施した。

「周辺にはアジアンテイストのサロンが多いのですが、当店もそんなお店の一つといった感じでした。やがて埋もれてしまうことは間違いなかったですね」

そこで参考にしたのが、リラクゼーションに重きを置き、贅沢な気分を味わえる〈デイ・スパ〉と呼ばれる施設。空間づくりに資金を注ぎ、観光客にも多く利用されている。ここは、みなとみらいや横浜中華街なども近く、そこから流れてくるお客さまのニーズも期待できるというわけだ。実際に、どんな軌道修正をしたのか見てみよう。

ワンフロアをすべて借り ゴージャスさを追求

まず取り組んだのは増床だ。お店のある8階は2区画に分か

売れる！
学べる！
Sales Point

有料のメンバー制度を実施して好循環を生み出す

「ワンディー」では、有効期限5年の「メンバーズ倶楽部」制度を実施している。会費は1万2,800円。会員になると、すべてのメニューがメンバー価格で利用できる。

施術メニューにもよるが、5〜6回の利用で元が取れる仕組み。会員になると、お連れさまの料金もメンバー価格となる。

「それなりの額の会費をいただきますから、メンバーになるのはある程度の収入のある方です。そのため、会社の取引先など、よい客層の方を連れてきてくださる。その方がまたメンバーになるという好循環を生み出しています」（西出さん）。

メンバーズ倶楽部のご案内（右）と、同店のSNSへのお誘い。

トイレや喫煙ルームへの通路には、飛び石を置いている。

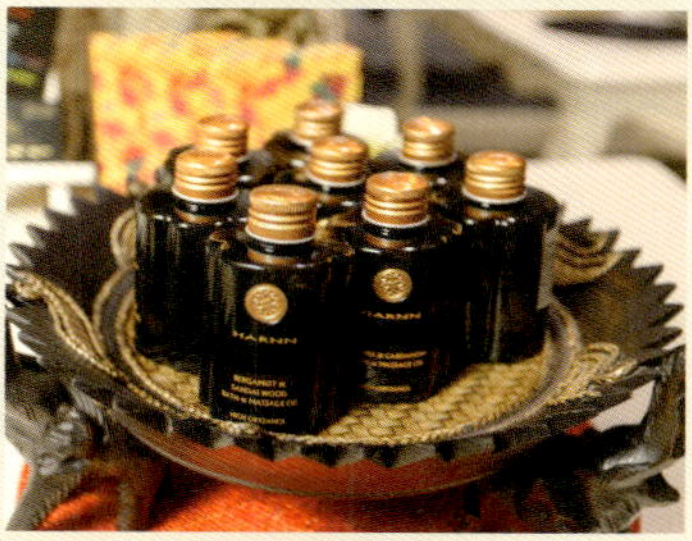

マッサージオイルは人気の最高級アロマ「HARNN」を利用。

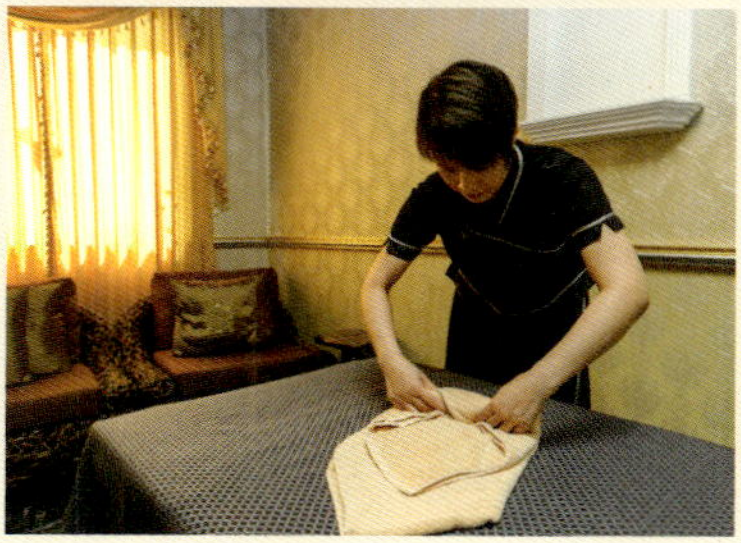

お客さまを迎える前は、施術ルームをきれいに整え、ウェルカムの気持ちを示すことが大事だと、ワンさんは言う。少しでも畳み方が悪いと、すべて自分でやり直している。

れ、そのうちの1区画を借りていたが、2区画すべてを借りることに。さらに両区画をつなぐ共用部分をなくし、エレベーターを出ると、サロンの受付に直結するつくりにした。

「ここは激戦区ですから、他店よりも突き抜けたものにしようと。ファーストインプレッションが大事だと思い、オリエンタルな高級感あふれる雰囲気をつくり上げていきました」

観光客を受け入れようとすれば、当然、カップルや夫婦のお客さまの割合が高まる。カップル客は、お店にとってオペレーションが一度で済むうえに、売上も上がるのでメリットは大きい。そこでターゲットを見直すとともに個室の充実化を図る。

男女が一緒に施術できるように、ベッドを2台設置した個室を新設。さらに、隣接する1人用の個室の間仕切りを開放すれ

細部へのこだわり

（右上）エレベーターを出ると、サロンのレセプションが目の前に。（左上）各ルームへの通路にも非日常感があふれる。（左下）高級感を出すうえで床を重視。とくにレセプションはお店の印象を決めるので、妥協をせずに理想を求めた。（中央・右下）トイレや洗面台もリニューアル時に全面改装。

ば、２人で使えるように工夫。

「シャワールームも各部屋に設置しました。カップルでも、男性のみでも女性のみでも、誰もが安心して利用できるように配慮しました」

ネットマーケティングで女性客を確保

現在、お客さまの比率は、男性6割、女性4割。西出さんは「これが男性8割になると、女性は来なくなります。その点で、ベストなバランス」と話す。女性の利用者が多いのは、戦略どおり、カップルの利用者が増え、全体の3割を占めているからだ。

ただ、この立地でサロン経営を続けるうえで、もう一つ大切な要素はネットマーケティングだと考えている。サロンのあるビル1階エントランスを見る限り、同店の看板のほか、男性向けエステの看板も多く、一見で入る女性客はほぼゼロのようだ。

それだけに、自社サイトやポータルサイトでの宣伝は大切。

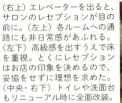

「ポイントはお店の雰囲気を伝えること。お客さまは何度もサイトにアクセスし、最終的にお店を決める傾向が高いので、写真の更新頻度を多くするなど、躍動感を持たせています」

お客さまの要望を瞬時につかめるスキルを

メニューは、タイ古式マッサージのほか、フットバス＋タイ式リフレクソロジー、ボディスクラブトリートメントなど。タイ式の料金は80分で８６４０円と、競合他店と比べると少し高めの設定だ。

「リラクゼーションに来るお客さまは、ある程度、お金に余裕のある方です。だから多少高くても、自分がよい店だと感じたら足を運んでくださる。そのギ

HOW to お店づくり

週末を優雅に過ごす ペア客専用のプライベートルーム

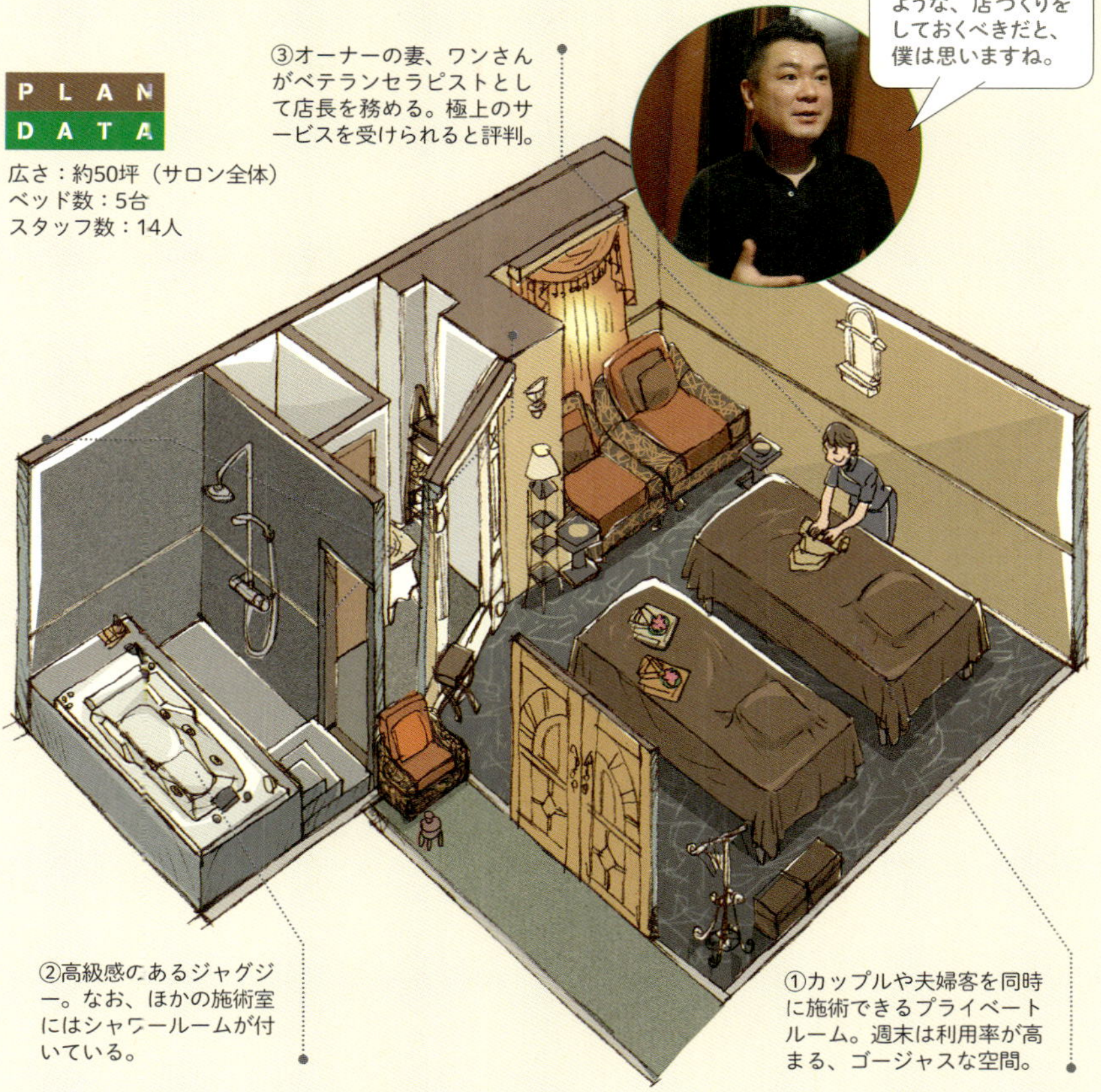

はじめは一人で経営する場合でも、将来的に人を雇うような、店づくりをしておくべきだと、僕は思いますね。
③オーナーの妻、ワンさんがベテランセラピストとして店長を務める。極上のサービスを受けられると評判。
②高級感のあるジャグジー。なお、ほかの施術室にはシャワールームが付いている。
①カップルや夫婦客を同時に施術できるプライベートルーム。週末は利用率が高まる、ゴージャスな空間。

PLAN DATA

広さ：約50坪（サロン全体）
ベッド数：5台
スタッフ数：14人

リギリの値段設定にしています」

グレード感のあるサロンならではの接客も期待されるところだ。施術はワンさんが指導に当たるが、西出さんは、それ以外のスキルの指導にも力を注ぐ。

「お客さまは施術だけを求めていません。極端な話、会話を楽しみたい人も。それだけに、お客さまの要望を瞬時につかんで、対応すること。そうした接客や雰囲気づくりといったスキルも磨く必要があります」

西出さんの場合、スタート時から「人を雇う」ことを前提にしたビジネスだ。サロン経営は身体を使う仕事だけに、スタッフの力が必要だと考えている。また、最初は一人でも将来スタッフが必要になったときを考えたお店づくりが必要だという。

サロン激戦区での競争に勝ち残るためにはフレキシブルな戦略も必要になってくるようだ。

Category 4

街の本屋さんの一角でサロンとカフェをオープン！

サロンや書店の利用客が、ついでに休んでいくことも多いカフェスペース。おもに夫の淳さんが担当。

マッサージサロンで同僚だったオーナー夫妻が、街の老舗書店の一角にサロンをオープン。サロンとカフェの併設で新たな客層が加わる相乗効果とともに、地域のコミュニティの場ともなっている。

開業資金

内外装工事費	90万円
設備費	260万円
厨房機器・エスプレッソマシーン等	136万円
食器・備品	50万円(カフェ)
	20万円(サロン)
運転資金	150万円
合計	706万円

DIY で人件費のコスト削減はできたが、エスプレッソマシーンの購入などに費用がかかった。

注目ポイント

書店とサロン、カフェの併設による相乗効果

コミュニケーションを重視したサロンでの施術

カナダで学んだ本格的なカフェ運営のノウハウ

オシオ ヒーリング スペース アンド カフェ
ocio Healing space&Cafe
住所：東京都小金井市緑町1-1-23
TEL：042-383-7148
営業時間：Healing Space　月曜〜土曜13：00〜20：00（L.O.19：00）、日曜12：00〜19：00（L.O.17：30）
Cafe　月曜〜日曜：10:00〜19:00
定休日：木曜、不定休
交通：JR 中央線「東小金井」駅より徒歩４分

（上）無垢の床材が素足にやさしいサロンスペース。自然光が差し込み、個室感がありつつも圧迫感はない。（下）「大洋堂書店」の文字が目を引く、地元で愛される老舗書店。ガラス張りの店内は明るく、開放感がある。

店名の「ocio」はスペイン語で「余暇」という意味。忙しい日常の合間に生じた休息時間。自分を取り戻し、活力を養う時間という意味を込めました。

サロンの使用時はガラス戸とカーテンで仕切る。おもに妻のマナミさんが担当するが、淳さんが施術することも。

老舗書店にサロンを併設する家族経営のお店

JR中央線の東小金井駅から徒歩4分のマンション1階に「オシオ ヒーリングスペース&カフェ」がある。一見サロンには見えない店構えだが、それもそのはず、ここはオーナーである一色淳さんの祖父の代から50年以上も地元で愛されてきた老舗書店である。「オシオ」は、その一部を改装してできたサロン&カフェだ。よく見ると、入口脇の窓ガラスにはサロンのロゴ。店頭の置き看板にマッサージとカフェメニューの案内がある。

ネット販売や大型書店の台頭で、いわゆる街の本屋が苦戦を強いられるなか、一色さんの父親の「なにか新しいことをはじめたい」という考えと、マッサージサロンに勤務していた淳さ

開業ストーリー

2015.1	一色さんが勤めていたサロンを退職。独立に向けてカフェ運営の勉強をするため、ワーキングホリデーでカナダに。その後、マナミさんもカナダへ渡る
2016.4	カナダより帰国
2016.7	老舗書店の一部をスケルトン状態にして、内外装工事を開始。10月にカフェをオープン
2017.1	サロンをオープンし、「ocio Healing space&Cafe」のグランドオープンとなる

お客さまを呼ぶ人気メニュー

20代から70代まで、さまざまな世代のお客さまがサロンを利用しています

ナチュラルで落ち着いた色合いで統一されたリネン類やインテリアなど。空間にはほのかに精油の香りが漂う。

専用のオイルにドライフラワーを漬けたハーバリウムや、器などの雑貨も販売。

サロンスペースは時間単位でレンタルも行っています。お子さん連れで参加できるヨガ教室などもやっています。

んの独立開業のイメージが一致。広さが約40坪ある老舗書店の一角を使って、サロンをオープンすることにしたという。

書店とカフェ、サロンが同居する空間

店内の左半分は書籍や雑誌、コミックが並ぶ書店スペース。右手にレジカウンターがあり、書店だけでなくカフェやサロン利用の会計も一緒に行っている。

カフェは6〜8人が利用できるテーブル席と、入口脇にカウンター席があるほか、店頭にテーブルとベンチを設置。ここは地元の人たちのフリーマーケットの場になることもあるそうだ。

サロンがあるのはカフェの奥、ガラス戸とカーテンで仕切られているスペースだ。壁や天井、床に杉材を使い、約10畳くらいの広さしかないが、個室感を出しつつ、天井近くにある窓

売れる！
学べる！
Sales Point

カナダで学んだ本格的カフェメニュー

サロンに併設してカフェをやろうと決めたものの、飲食店で働いた経験がなかった一色さん。

そこでワーキングホリデーを利用してカナダのバンクーバーに留学。語学学校に通う傍ら、週に一度のカフェコースでカフェ経営のノウハウを学んだ。

また、運よく現地で日本人が経営するカフェで実務を学ぶ機会も。

カナダでは多くの飲食店でグルテンフリーや、肉はもちろん卵や乳製品も使わないビーガンのメニューが用意されている。

「オシオ」でも、身体にやさしい自家製焼き菓子の一部にグルテンフリーやビーガンのスイーツを提供している。

中央上から時計回りに「メープルくるみスコーン」(180円)、「ヨモギのスコーン」(卵・バター不使用、220円)、「ブロッコリーとトマトのお野菜ケーキ」(バター不使用、240円)、「チョコラータ」(380円)。小さなクッキーは80円〜。

カフェカウンターの板は近所の木材店で入手。自分たちでオイル塗装し、ビンテージ感を出した。

マナミさんのお菓子づくりは独学で。季節感を大切にしながらクッキーやマフィン、スコーンなどを焼いている。白砂糖を使わず、キビ砂糖やメープルシロップを使ったやさしい甘さが特徴。

コミックを買いにくる子どもから定期購読の雑誌を取りに来る常連さんまで客層はさまざま。購入した本をさっそくカフェで読む人もいます。

から差し込む自然光が圧迫感を感じさせない。

また、「ヒーリングスペース」と店名にあるとおり、素足で触れても温もりを感じる無垢の床材や、ほんのりと漂う精油の香りがリラックスできる空間を演出している。

サロンやカフェ空間のデザインや施工も自分たちで

店内改装は、電気、ガス、水道以外はDIYによるもの。

「工事期間は2カ月半から3カ月ぐらい。友人の大工さんに手伝ってもらって、自分たちで施工しました」

最初からきっちりと設計図をひいたわけではなく、相談しながらつくり込んでいったという。

「まず、入口奥にあった児童書やコミックの棚を動かして、書店スペースを半分に区切るところからはじめました」

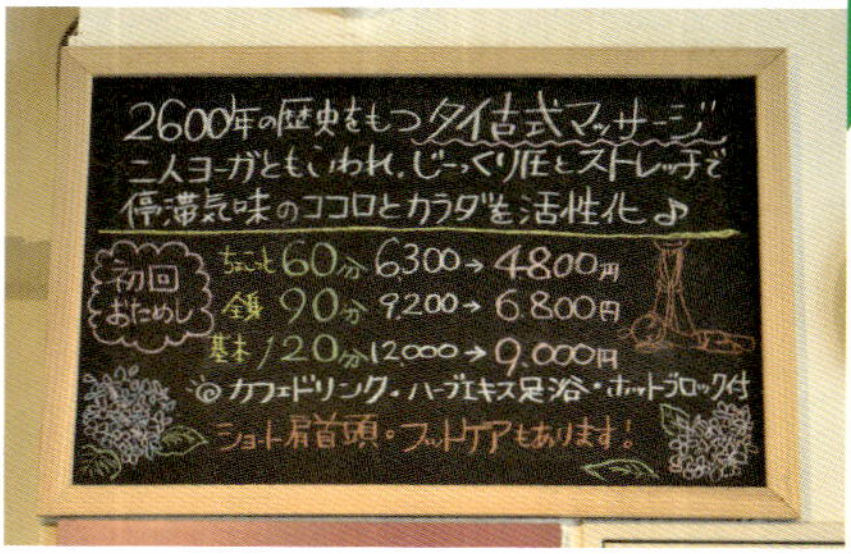

（右上・左上）将来スペースを２分割しても双方で使えるように、手洗い場を中央に配置。手洗い鉢は愛知県の工房から取り寄せたもの。（左下）レジカウンターでは書店店主である一色さんの父親が常連客と気さくに言葉を交わす。（右下）カフェスペースに施術メニューの黒板を掲示。はじめて施術を体験する人には割安なお試し価格で。

書店の営業を継続しながらの工事だったため、カフェのオープンからサロンスペースが出来上がるまで、さらに3カ月ほどかかってしまったという。

サロンと書店をつなぐカフェの役割とは？

ところで、なぜカフェを併設しようと思ったのだろうか。

「書店に来てくれるお客さまが、ついでにサロンでマッサージを受けるのは、価格的にも心理的にもハードルが高い。ですから、その間をつなぐ役割としてカフェを位置づけました」

もともと地元で長く愛されている書店なので、客層は広く常連客も多い。本を買いに来た人がくつろげるカフェを併設してコミュニケーションをとり、お客さまとの関係性を築いたうえでマッサージサロンの利用につなげたいと考えたという。

数百円で気軽に利用でき、買った本を読みながらおいしいコーヒーや焼き菓子を楽しめるカフェは、サロンとともに書店利用のお客さまにも好評だ。子ども連れの女性から中高年までさまざまな世代が出入りし、一色さんや妻のマナミさん、書店オーナーである父親たちと会話を交わす。

「マッサージは身体に触れるので、誰にやってもらうのかわからないのではお客さまも不安でしょう。カフェで知り合いになれば、サロンの利用にもつながります」

サロン経営は技術が4割コミュニケーションが6割

仕事の分担は、一色さんがカフェの運営を中心に。マナミさんは、午前中はカフェで提供する焼き菓子づくり、午後は夫とともにカフェの仕事と並行し

HOW to お店づくり

きっちり設計図はひかず 手づくり感を生かしたつくり

欧米では内装をDIYするのが普通です。「オシオ」も自分たちで床や天井をはがしてリノベーションしました。

PLAN DATA

広さ：約20坪（サロンとカフェ）
席数：11席（カフェ）
スタッフ数：2人

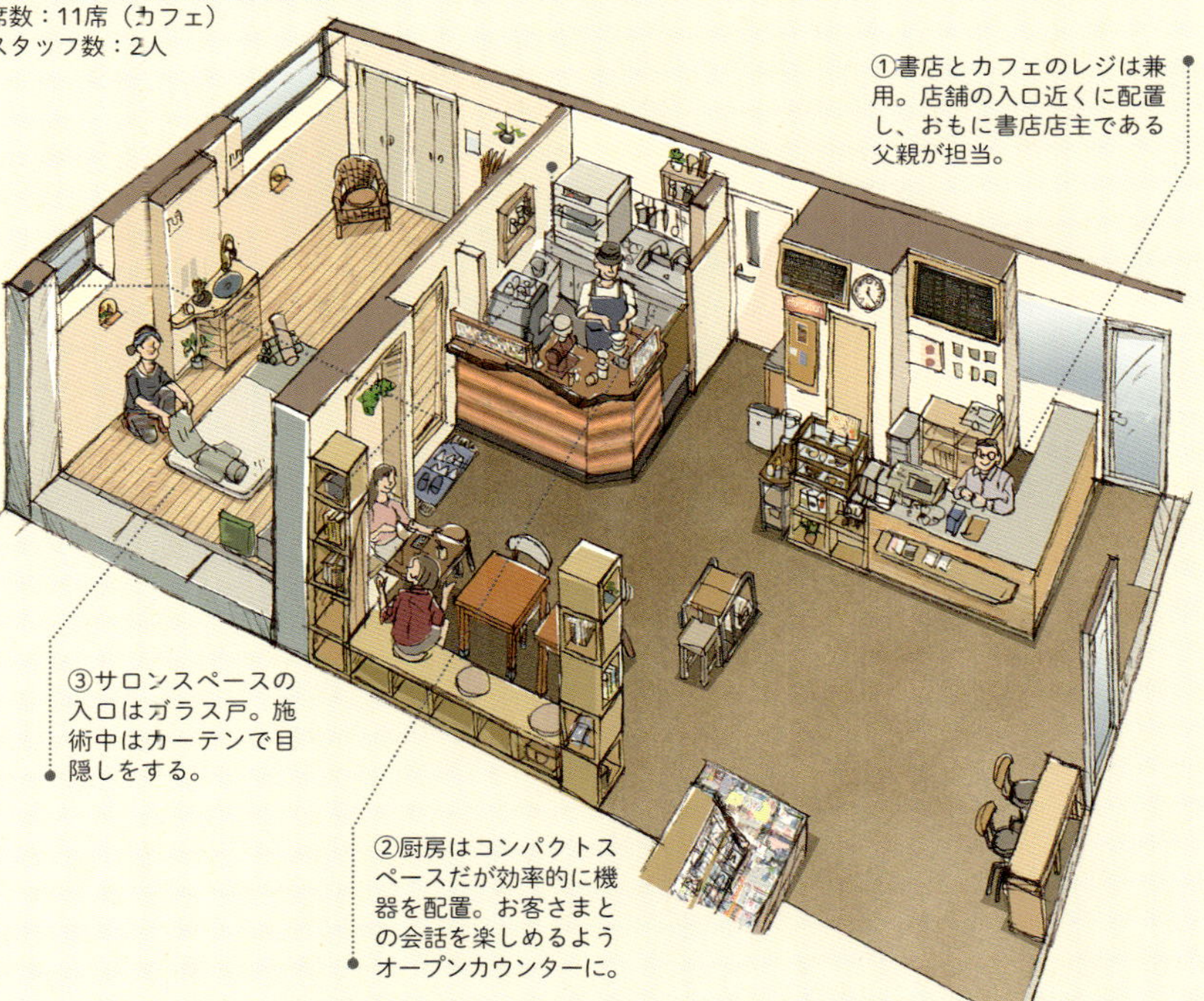
①書店とカフェのレジは兼用。店舗の入口近くに配置し、おもに書店店主である父親が担当。
②厨房はコンパクトスペースだが効率的に機器を配置。お客さまとの会話を楽しめるようオープンカウンターに。
③サロンスペースの入口はガラス戸。施術中はカーテンで目隠しをする。

ながらサロンで施術を行っている。また、週末は一色さんの弟がカフェを手伝ってくれるときもあり、一色さんが施術を担当することも。

「将来、スタッフが増えたらサロンスペースを2つに区切って、2人同時に施術できるようにすることも考えています」と語る一色さん。ただし、カフェのお客さまとのコミュニケーションも大切にしたいので、そのバランスが難しいところだという。「マッサージは技術4割、コミュニケーションが6割といわれるぐらい、お客さまとの関係性の構築が重要です」

顧客の8割はリピーターで、施術を受けた帰り際に次の予約を入れていく。カフェ利用のお客さまが「試しに……」と施術を受けていくことも。サロンを拠点に、新しいコミュニティの輪が広がっているようだ。

成功するためのコンセプト設計

サロンとカフェ、2つの手づくり空間で生まれる出会いと交流

入口脇のカウンター席と、ボックスを積み上げてつくった飾り棚。ボックスは向きを変えるだけで両方向からの視線を集められる。

天井近くの空間を書店とはっきり分けるように、ボックスを使って間仕切りしている。書店のアーチのようにも見える。

ここがいいね!

- 書店客とカフェで顔なじみになり、興味を持って申し込んでくれることも
- 妊婦や子どもを持つ母親同士が集まってヨガなどを楽しむ場としても人気
- DIYでコスト削減するとともに、関わった人たちに愛着の湧く空間に

カフェ併設店ならではのサロンとしては新しい展開

カフェの自然木を生かした内装と、コンクリートがむき出しの床は、一色さんがカナダで働いていたお店の影響が大きいという。サロンとともに、改装はほとんどの部分を一色さん夫妻と、友人たちの協力を得てDIYしたもの。

最初に目に入るのが、DIYの基本でもあるボックスを重ねる方法でつくった本棚や商品の飾り棚。書店とカフェのスペースを明確に分けようと、天井近くをボックスで仕切って圧迫感を出さないように工夫している点にも特徴がある。

ほかにもサロンスペースの壁にしっくいを塗るなど、自然素材にこだわっているところも、お客さまに安心感を与えている。

カフェスペースの、今風のコ

ーヒースタンドを思わせるカウンターもDIYによるもの。エスプレッソマシーンを置いて、カプチーノやカフェラテを楽しんでもらっている。

　カフェを併設したことでサロンの集客に役立ったのはもちろん、お客さまが施術後にゆっくりと好きなドリンクとスイーツを楽しむこともできる。

　また、顔見知りのお客さま同士が声をかけ合うなど、普通のプライベートサロンや書店にはあまり見られない交流が生まれているようだ。

味わいがあり、くつろげる場所づくり

（右上）レジカウンター横のスペースにボックスを重ねて物販コーナーに。あまり詰め込み過ぎないのが、きれいに見せるコツ。（左上）カフェと書店を間仕切る壁にもボックスを多用。上部には植物など、手の届く位置には本をディスプレイするのに最適。（右下）味気ないマンションの外壁に板を張って、新しいお店のオープンをアピール。（左下）軒下にウッドデッキとテーブル＆チェアを置いて、ひと休みできる場所にしている。

２つの空間を活用して個性的なイベントを開催

「オシオ」では、サロンとカフェそれぞれのスペースを生かして、さまざまなイベントも開催している。たとえば、カフェでは好きな本を持ちよっておしゃべりする「ほんのはなし」、ハーバリウムのワークショップなど。またサロンでは子ども連れでできる「ママyoga」、瞑想会など。２つの空間をつくることで集客にも応用が利くのだ。

　なおサロンでの施術には足浴、ホットブロックに加え、カフェドリンク（500円未満に限る）が付く（一部対象外のコースあり）。

サロンスペースで予約の準備をするマナミさん。

競合店調査で人気サロンをお手本に！

いつも自分が使っているサロンだけでなく、たくさんのお客さまが集まるお店のことも知っておきたい。施術が優れている以外に、そこに行きたくなる理由が何かあるはず。その人気のポイントを知ることで、自分のサロンを開業するときのヒントにしよう。

気になるサロンをリサーチしてみよう

お店をはじめてみようと思うエリア（およそ５キロ圏内）にある人気店に足を運び、観察・分析する市場調査を〈競合店調査〉といいます。飲食店などでも開業にあたって行われており、どんなお店づくりをしていて、人気メニューは何か、またどんなお客さまが、どのくらいの頻度で来ているのかといったことを調べて参考にします。

サロンなら、どんな立地条件にあって、内装やインテリアには何を使っているか、施術室の広さやカウンセリングスペースの雰囲気など、さまざまな角度から観察して人気の理由をリサーチします。

はじめてのサロンで、どこにもないお店をつくることは難しいかもしれませんが、このように人気サロンを参考に、自分なりにアレンジを加えられないか考えることで気付きを得ることもできるでしょう。

まずはエリアにあるサロンの傾向をリサーチ

競合店調査をする際、まず開業しようとする立地を絞り込んだうえで、人気サロンをリサーチします。そのおもなポイントとしては、

◇その商圏内に同じようなサロンが何店あるか？
◇路面店、マンション、大型商業施設内、自宅サロンなど、どういう店舗形態をとっているか？
◇どのような施術メニュー構成にしているか？　また価格帯は低めか高めか？
◇ターゲットとしている客層は？

などです。実際に予約して施術のスキルや接客対応を確かめることは無理でも、インターネットやチラシなどでできる限りデータを集めましょう。

また、そのサロンのよい点ばかりでなく、改善すべき点はどこかを考えることも大切。下記のようなポイントに注目し、お客さま目線に立って観察してみると、「私ならこうしてみたい」という点が見えてくるはずです。

競合店のチェックポイント

サロンデータ

□ターゲットはかぶっていないか
□サロン名は魅力的か？　参考になるか
□経営者は個人か？　大手資本があるか
□営業時間と定休日から、その立地に人が集まる曜日・時間を推測する
□来店客の年齢・性別・タイプなど

顧客データ

□来店するお客さまは、ほかの商圏エリアから来ているかどうか
□お客さまのオーダーの傾向
□お客さまの回転は速いかどうか

店舗デザイン

□外装・入口などの店構え
□インテリアと空間のバランス
□内装・照明・インテリアなどの設備

施術メニュー構成

□施術メニューの内容
□人気の施術メニュー、物販品は何か
□料金はエリア相場と比べてどうか

第２章

コンセプトを固め、堅実な資金計画を立てる

サロンをはじめる前には、成功店の開業スタイルを探り、
そのコンセプトと経営のコツを少しでも学びたい。
それを参考にして、自分の考えるサロンづくりのための資金計画を考えていこう。

いつの世も必要とされる サロン業界の「今」について

これからの競争に生き残るにはライバルに負けない魅力をつけたい。まず、サロン業界の実態を知っておこう

大手チェーンから個人経営のサロンまで、ライバルが多い今、長く続けていけるかどうかを忘れないようにしたい。

低価格化が進むなか 個人サロンの進むべき道は

どの業界にも通じることですが、近年、サロン業界でも低価格化が進んでいます。数年前の登場当初は驚かれた60分前後で3000円以下という価格設定の格安マッサージ店も、今では当たり前のように利用されています。

それ以前は、10分当たり1000円が相場だったところに、半額に近い価格設定を打ち出すサロンが多数出てきたことによって、より安い価格設定のサロンへと顧客が流れてしまう傾向もありました。

ただ価格競争が激化する一方で、「値下げしたくてもできない」のが、多くの個人経営のサロンの実状です。それほど「60分2980円」は破格の価格であり、大手チェーンならではの資本力でどうにか商売を成り立たすことができたのです。

市場規模は拡大するが サロンの個性を大切に

ここで、近年のサロン市場を見てみましょう。リラクゼーションがブームになったのは1990年代から。当時は新規サロンが続々とオープンし、どんどん市場規模が大きくなっていった時代といえます。

ボディケア、アロマセラピー、リフレクソロジー、タイ古式マッサージなど、さまざまな種類のサロンが登場。昨今は、脱毛や美顔、瘦身、メンズエステも注目されています。ただ専門家によると、すでに出尽くしたともいえ、これ以上大きく成長することはないだろうという人も。

もっとも、癒しサロン業界自体がなくなることはないでしょう。過度なストレスや心の病に悩みを感じる人が増える**現代社会において、マッサージやリラクゼーションは、人の温もりを受けられるサービスとして求められている**からです。

今後は、ますます高齢化が進んでいきますから、「癒し」のひとときを必要とする人は増えることでしょう。

いつの時代にも 必要とされる業界だが…

2014年、総務省が定め、産業別の公的な統計に用いられ

サロン業界の人気施術メニュー

王道メニュー

トリートメント系
アロマトリートメント
フェイシャル
タラソテラピー
ストーンセラピー
バリエステ
アーユルヴェーダ
ネイル、ネイルケア　など

マッサージ系
アロママッサージ
マッサージ
フーレセラピー
ヘッドマッサージ
リフレクソロジー
フットケア
ハワイアンロミロミ
リンパマッサージ　など

スピリチュアル系
カラーセラピー
レイキヒーリング
ヒプノセラピー
フラワーエッセンス
など

複合サービス
ブライダルエステ
マタニティーエステ
ベビーマッサージ
メンズエステ
など

2016年度のボディケア・リフレクソロジー市場規模（事業者売上高ベース）は1,093億円で前年比101.2%と、ほぼ横ばい（矢野経済研究所調べ）。

新興メニュー

エステ系
美顔・脱毛・
小顔・痩身
メンズエステ
など

2016年度のエステサロンの市場規模（事業者売上高ベース）は3,572億円で、ボディケア・リフレ業界のほぼ3倍（前年度比100.3%。矢野経済研究所調べ）

る日本標準産業分類に「リラクゼーション業（手技を用いるもの）」が新設されました。成長産業の一つとして認められる一方で、中小サロンの競争が激化し、淘汰される時代に突入したともいえるでしょう。

今後は、業界の確立とさらなる地位向上に向けて、個々のスタッフの技術力の向上とともに、接客サービスの質の向上が求められていくものと思われます。

ですから、**今後サロンをはじめる人にとっては「いかに選ばれるサロンになるか」が大切**になるのです。第2章からは、そのためのノウハウをまとめていきます。

サロンワークは体力仕事ですから、開業で終わるだけでなく、経営者として働き続けられそうかどうか、じっくりと考えてみる必要もあるでしょう。

小さなサロンならではのお店づくりとは？

1人のセラピストでも開業しやすい、
サロンならではのメリットと注意点について知っておこう

いくつかある開業スタイルのなかから自分に合ったものを選べるサロン。まずは無理のない開業計画にするためにも整理しておきたい。

サロンが開業しやすい大きな理由とは？

サロンはほかの業種に比べると独立開業しやすいといわれます。その大きな理由としては、やり方によっては**開業資金を抑えられるため、自己資金があれば金銭的なリスクが少ない**ことが挙げられます。

たとえば物件は、ベッド1台が置ける6畳の広さがあれば、最小限でのサービスが可能です。また自宅であれば、毎月の家賃という固定費もありません。

特別な機器があまりいらないのも負担が軽くて済みます。施術メニューにもよりますが、たとえばベッド、カウンセリングのための椅子やテーブルなどのほか、製油や消耗品のタオルなどがあればOK。そのぶん、初期費用も少なくて大丈夫です。

ただし、自宅サロンで開業する場合は立地が選べないことや、家族のプライバシーを守らなければならないことなど注意すべきことが少なくありません。ですから本書では、自宅サロンを考える人のためにも、開業スタイルの選択肢の一つとして、その都度取り上げていきます。

賃貸マンションか商業ビルのテナントか

物件選びは、自宅以外では居住用マンションか商業向けビルのテナントになるという選択肢があります。ただし、居住用マンションはサロンだけでなく、**商業目的では貸してくれない場合が多く、借りても看板を出せなかったり、営業時間の制限があることも**多々あります。

賃貸または分譲マンションには、使用細則として商用利用ができないと明記されているのが通常です。ですから、無断で開業すると契約違反になり、退去しなければならなくなったりします。

一方、商業ビルでは保証金などが余分に必要になることもあるので、126ページを参考に、確認事項は漏れのないようにチェックしましょう。

自分のサロンをはじめるメリットと注意点

多くのセラピストが開業して

サロンと飲食店の開業資金を比較

費用等	内容	サロン		飲食店（10坪未満）
開業場所	お店をはじめる物件	自宅	賃貸マンション	商業ビル（居抜き物件）
スタッフ	本人以外に雇用する場合	なし	3名	3名
物件取得費	敷金、礼金、手数料、初月家賃など	なし	約80万円	約500万円
内外装工事費	看板製作、家具造作、電気・ガス・水道工事など	約50万円	約100万円	約200万円
設備費	ベッド、ソファ、テーブルなどの家具類、洗濯機、冷蔵庫などの電化製品など	約20万円	約30万円	約50万円
備品費	照明器具、カーテン、シーツ、食器類など	約10万円	約20万円	約10万円
消耗品費	タオル、ガウン、洗剤など	約10万円	約15万円	約20万円
合計	－	約90万円	約245万円	約780万円

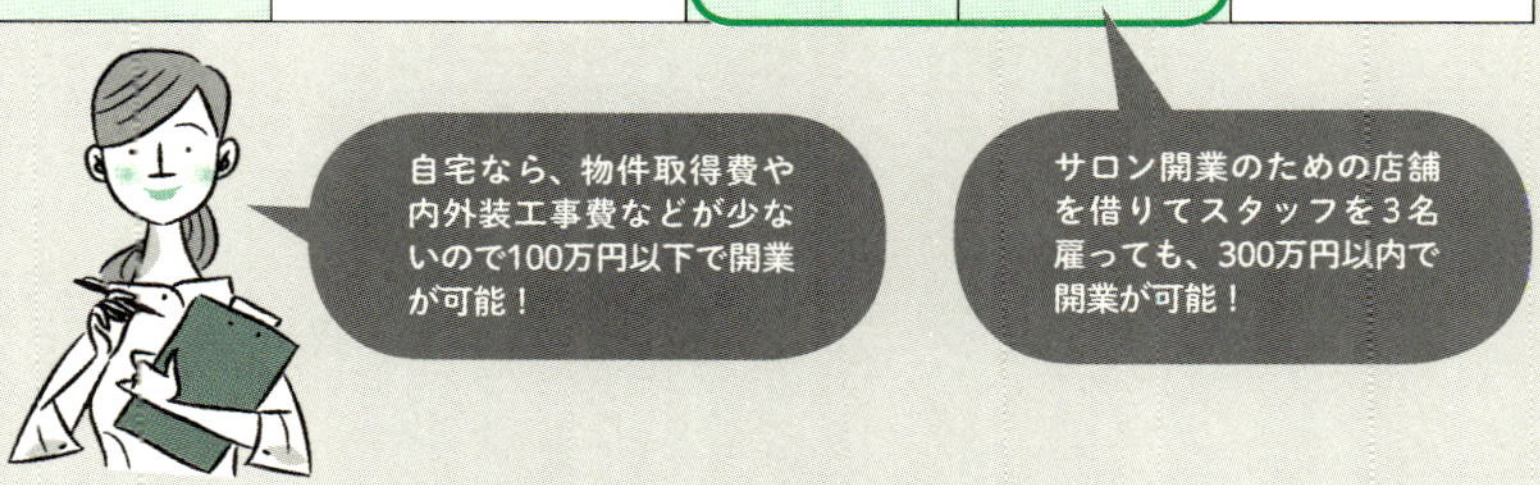
自宅なら、物件取得費や内外装工事費などが少ないので100万円以下で開業が可能！
サロン開業のための店舗を借りてスタッフを3名雇っても、300万円以内で開業が可能！

よかったと思う理由の一つに、「自分らしいサロンで、自分らしいペースで仕事ができるようになったこと」を挙げています。

　大手サロン勤務などでは、会社の方針に合わせて、営業や雑用もこなさなければならず、業務としての施術になりがちだからです。しかし、自分のサロンなら、得意の施術を生かして、お客さまを一番に考えた時間のコントロールやおもてなしができるようになります。それが、やりがいにつながるのでしょう。

　ただし、注意すべきなのは、「独立開業しやすい」＝「サロンが成功する」とは限らないことです。

　開業することだけに夢や目標を置かず、**どれだけの売上があれば利益を出せるのかなど、経営者としてサロンを継続させること**を考えていかなければなりません。

自宅とテナント開業、どっちを選ぶ？

自宅なら開業資金を抑えられる一方で、立地による集客面でのデメリットが問題になる。自宅開業かテナント開業かを見極めよう

自宅といっても、賃貸や分譲マンションでは自由にできないことも多い。資金面以外のデメリットを忘れないことが大事。

自宅をサロンにする場合に注意すべき点

前ページで説明したように、開業場所はいくつか選択肢があります。注意点としては施術やサービスに見合った広さと環境を確保すること。また物件取得や内装工事などのための開業資金や、開業後の集客にも影響するので、慎重に検討しなければいけません。

まず、自宅の一部を活用してサロンをはじめるケースを見てみましょう。何といっても大きなメリットは、**新たに家賃や物件取得費が発生しないために開業資金が大幅に少なくて済みますし、持ち家ならリノベーションや内装工事も自由**に行えます。

ただし注意したいのは、分譲マンションの場合です。物件購入時の重要事項説明書や管理規約に商用利用はできないと明記していないかを確認しましょう。

「どうせバレないから大丈夫」と思うかもしれませんが、競合サロンから管理組合に通報されるというケースは少なくありません。また居住用マンションでは、不特定多数＝サロンのお客さまの出入りを嫌うものです。お客さまが増えていくと、同じマンションの居住者から通報されることもあるようです。

賃貸マンションは制約が少なくないので注意

賃貸マンションで商用利用できる場合は、立地や広さによって取得費に差はありますが、保証金などがかからないぶん、テナントより安く抑えられます。

ただし、やはりサロンの営業ができる物件は少なく、物件を見つけるのに時間がかかることも多いようです。「事務所可」としている物件なら開業は可能ですが、看板が置けない場合は少なくないので、契約前に確認しておくこと。そして1対1のサービスとなるので、セキュリティ面の対策も万全にしておきましょう。

商業ビルなら周辺の商業施設からの集客や、アクセスのよさなどもあって来店客数を見込めますが、条件のよい物件ほど家賃や保証金が高くなることは言うまでもありません。これらのほかにも左ページのような開業スタイルがあります。

サロンの開業場所を考えよう

居住用マンション（賃貸）
新たにサロンを開業できる物件を見つけるには時間がかかることも多い。「隠れ家風サロン」をうたってはじめても、契約違反になれば退去や罰金が科されることもある。

商業ビル（テナント）
周辺の商業施設や人通りによってはターゲット客の目を引きやすい。看板なども自由に出せるので集客面で有利だが、物件取得費に保証金などが含まれるので、初期費用が高くなるのが一番のネック。

商業施設内
ホテルやショッピングモールなどの一角にコーナーを設けてもらうケース。競合店が少なく、集客力があり、店舗を借りるよりも低予算で開業できるが、営業時間などは施設に合わせる必要がある。

無店舗（出張サロン）
ホームページなどで予約を受け、個人宅に出張する営業スタイル。自宅サロンと並行して活動したり、美容院やネイルサロンなどと契約し、定期的あるいはオーダーがあれば出張するケースも。

レンタルスペース
サロン向けのスペースでは、ベッドやタオルをはじめ施術に必要な機器や備品がそろっていることも。料金は30分、1時間単位で数千円。1日貸切で1万～2万円が中心価格帯。

既存サロンのスペース借り
ネイルサロンの場合、ヘアサロンの一角を借りて営業するというスタイルも。紹介やツテをたどるのが一般的だが、交渉してみる価値はある。スペース使用料や毎月の売上の一部を払う契約が多い。

自宅

一戸建て
自宅の一部を活用したり増改築することも、広ささえあれば自由にできる。ただし、お客さまには生活感を見せない工夫が必要。家族とお客さまとの接触を避けられる動線を考えて。

分譲マンション
資金さえ準備できれば、リノベーションによって間取りを変更することも可能だが、自宅とはいっても管理規約によっては商用利用できないマンションもあるので確認しておくこと。

自宅ではじめる場合は、お客さまと家族の動線が交わらないようにしたり、臭いや騒音などにも注意することが大事になる（詳しくは134ページ参照）。

スクール、セミナーもあるサロンのメリットとは？

得意とする施術のテクニックを生かして、独自のスクールを開催するサロンも多い。経営を安定させる取り組みとして注目したい

初心者からサロンオーナーをめざす人まで、対象となる受講生は幅広い。よって、それぞれのニーズにふさわしい内容が必要になる。

スクールを開催するメリットとは？

サロン独自のスクールを開催するものとしては、趣味の延長としてのアロマやカラーセラピーなど初心者向けのコースから、資格取得したい人のための本格的なコースや同業者向けの専門コースまでさまざまです。

大手サロンよりも少人数でアットホームな雰囲気のなか、**気に入った施術者から直接学べるというのが、個人サロンで行うスクールの大きな魅力**になります。それに、サロンにとってスクールの受講料は売上の助けになりますが、収入面以外のメリットも見逃せません。

たとえば、施術についてより深く知ってもらうことで、お客さまが体験していないサービスや商品を利用するきっかけになります。また、同業者向けのコースでは、あなた自身にとっても情報交換や人脈づくりになることも期待できるでしょう。

また、サロンのコンセプトに近いテイストの〝ものづくり〟のワークショップを行う手もあります。昨今は石けんやキャンドル、ハーバリウムなどに人気があります。サロンのお客さま同士が交流を持てる場にもなり、口コミも期待できそうです。

注意したいのは、受講者は何人まで受け入れられるかです。1クラス当たり数人というのが、きちんと技術を伝えるのに無理のないところですから、ある程度の広さは必要でしょう。

なお企業などに講師として呼ばれて行う場合、大きな会場に数十人が集まることもあり、不特定多数の人にサロンを知ってもらうのによい機会になります。

専門性の高いスクールにはアフターフォローを

スクールをはじめるうえで大切なのは、お客さまに信頼されること。そして、わかりやすく講座の説明ができることです。お客さまにとっては施術を受けるのとは違いますから、スクールの目的を明確にすること。受講することで得られる効果について、資料を用意してわかりやすく伝えましょう。

サロンオーナーをめざす人や、新しい施術を取り入れたいサロンオーナー向けの専門性の

スクール開催までの流れ

STEP 1

スクール開催を具体化

どんな施術のスクールにするか、また開催日程や受講者数などを決める。

STEP 2

予算の見積もりと資金調達

講師料をはじめ材料費などはいくらになるか見積もり、必要なら借入を検討する。

STEP 3

開催場所の準備

自宅で行う場合、スクール専用の場所は必要ないか、機器・設備等は十分かなどを検討。

STEP 4

宣伝広告

スクール開催の広告を打つなら、２カ月前には行いたい。新聞折り込み・チラシ・看板・ＨＰ・ブログ等の準備を行う。

STEP 5

スクール開催

各種届け出が必要なら万全に。本格的に行う場合は、税務署などにも届け出を。

高いスクールでは、技術に加えてカウンセリング的な側面も強く、マンツーマンで講習を行います。

たとえば、所要時間は60～90分で受講料は4000～5000円くらいが一般的。技術指導を通して効果や注意点など、総合的に伝授していきます。さらに、講習後にはメールや電話での相談にも応じるなど、きめ細かなアフターフォローも欠かせません。

なお、スクールを開催するとともに大切なのは、サロンに誘導するポイントを押さえておくことです。スクールによって「アロマを好きになってもらう」「飽きられないカリキュラムづくりを考える」「受験検定への対策をしっかり」など、受講者のニーズをつかみ、いかに利益を生む内容にできるかが大切になります。

小さなサロン経営のために知っておきたいこと

サロンオーナーになると、施術以外の業務として、経理についての基礎知識が必要になる。まず最初に知っておくべきこととは？

経理には２つの目的がある。資金繰りの把握・利益の確定と、税金の計算のため。健全な経営をするために押さえておきたい。

資金繰りの把握と利益の確定の仕方

サロンに限りませんが、お客さまは入っているのに、「なぜか仕入代金を支払うのにも苦労することがある……」そんな状況に首をかしげているオーナーは少なくありません。

そこで、開業準備の段階においては売上と利益の関係について押さえておくことが大事です。簡単にいえば、売上から「変動費」（材料費など）を引いたものを**「粗利益」**といい、そこから家賃や光熱費などの固定費を差し引いたものが**「利益」**です。

しかし、利益＝儲けではありません。利益から借入金の返済を行い、個人事業主の場合は自分の生活費、国民健康保険料や年金などもやりくりしなければなりません。さらに、数年後の店舗の修繕や機器の買換えなどに備えて、ある程度の金額は蓄えておく必要もあります。

とくに借入金の返済や取引業者への支払日などは融通が利きません。お客さまから現金で支払われると手元に現金が残りやすくなりますが、まとまった金額を支払うべき日に、現金が手元になければ、資金繰りがショートしてしまいます。

経理の知識は税金の計算にも必要

施術に自信を持つセラピストに見られがちなのが、経営者としての視点の不足です。**サロンを経営していくには、施術だけでなく、客観的に運営をしていく能力が必要**になります。

その一つとして挙げられるのが経理です。その大きな目的として、税金の計算があります。

収支が黒字であれば所得税がかかり、住民税、事業税、国民健康保険料なども必要です。これらは売上から経費を差し引いた「所得」を基準として計算される税金です。また、年間の売上高が1000万円を超えると、消費税もかかってきます。

消費税や所得税は通常1年分をまとめて一括納付するため、支出する金額も高額になり、あとから請求が来て驚くことになります。

経理の知識がないとどうなるか？

「利益」と「儲け」の違い

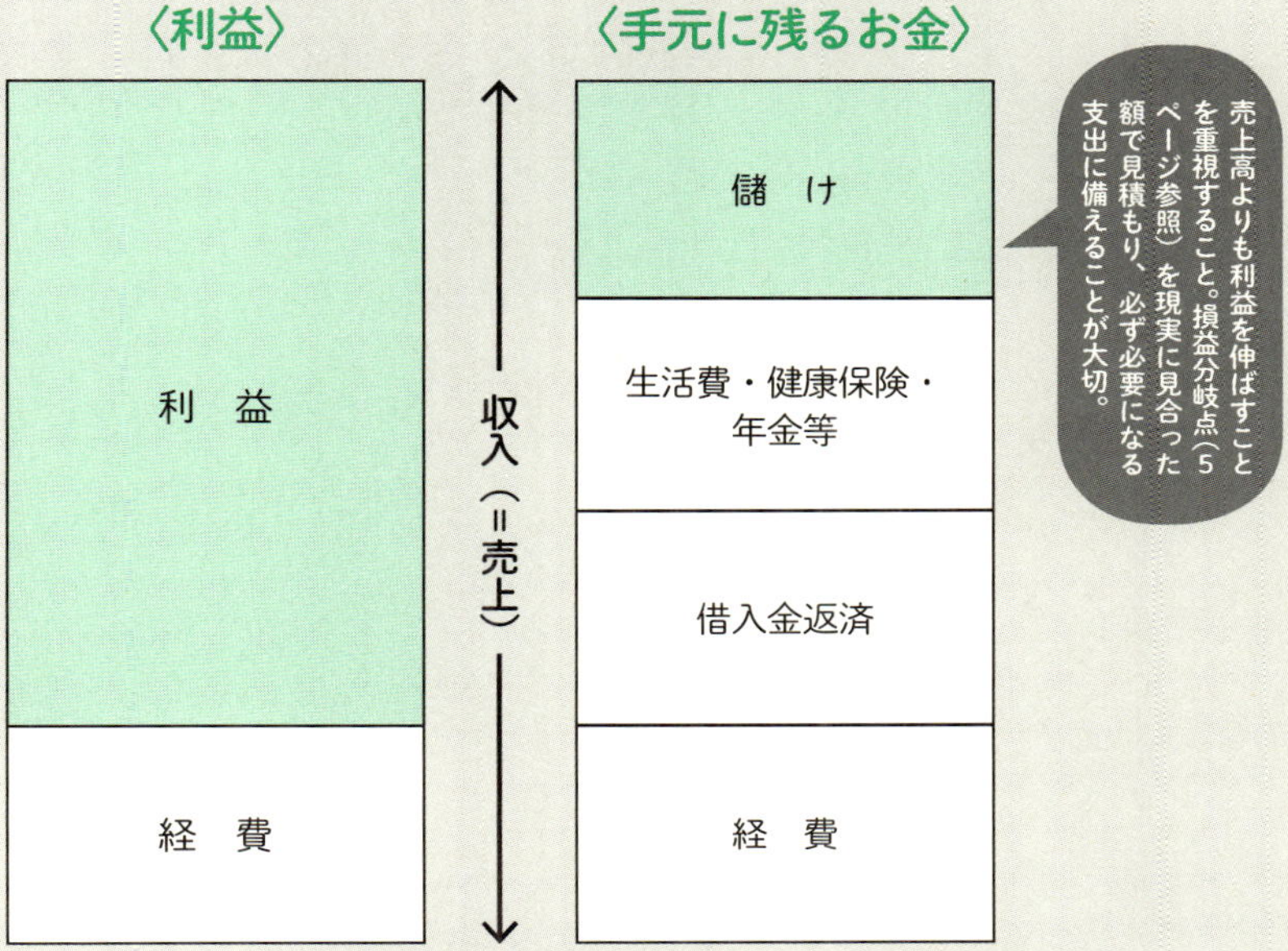
〈利益〉
〈手元に残るお金〉
利　益
経　費
収入（＝売上）
儲　け
生活費・健康保険・
年金等
借入金返済
経　費
売上高よりも利益を伸ばすことを重視すること。損益分岐点（5ページ参照）を現実に見合った額で見積もり、必ず必要になる支出に備えることが大切。

売上高と利益の求め方

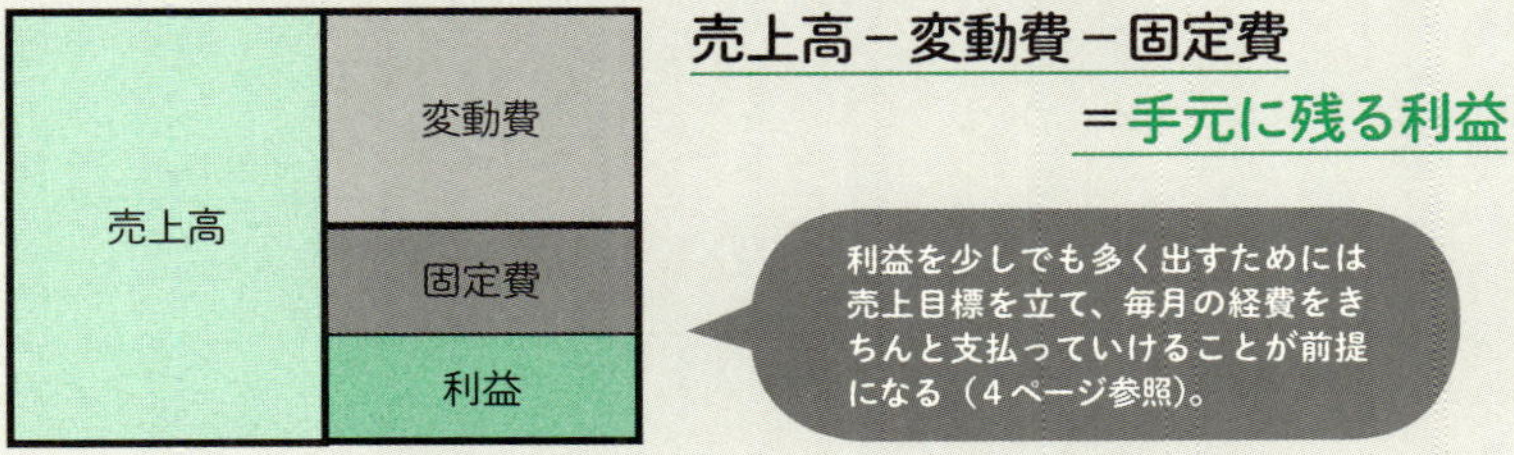
売上高
変動費
固定費
利益
売上高－変動費－固定費
＝手元に残る利益
利益を少しでも多く出すためには売上目標を立て、毎月の経費をきちんと支払っていけることが前提になる（4ページ参照）。

よくあるのが、売上金を利益と勘違いしたり、税金として必要になる支出を想定せずに、運転資金などに使ってしまっていると、**資金にゆとりがあったつもりなのに、突然、経営がひっ迫する**ことになります。

さらに税金を滞納した場合、遅延利息にあたる延滞税（納付税額に対して最初の2カ月は原則として年利7・3％、それ以降は原則として14・6％）がかかります。なお、滞納したのが源泉所得税の場合には、別途いわゆる不納付加算税（納付税額に対して10％。ただし自主的に申告した場合は5％）がかかります。

税理士などと顧問契約を結んでいる場合はアドバイスしてもらえますが、そうでない場合は、これらの金額を計算するためにも、日頃から収支の把握は必須です。

実店舗以外の販路を検討しよう

サロンで行う施術以外にも、お客さまのもとに出張したり、セミナー講師として活躍する方法もある

物件が不要なので開業資金が少なくて済むのが大きなメリットだが、デメリットについても把握しておくことが大切だ。

出張サロンのメリットとデメリットとは？

店舗を借りたり、自宅の一部を使うよりも気軽にできそうなのが「出張サロン」。おもなメリットを見ていきましょう。

まず開業にあたって準備に時間がかかる物件取得が不要です。出張サロンは文字通り、出張先で施術を行うので、**お客さまさえいれば、明日からでも開業が可能**になります。

もちろん家賃や光熱費等の、負担の大きい固定費がかかりません。出張先が、お客さまのご自宅やホテルであれば、基本的に場所代もかかりません。余分にかかる費用としては、移動費や施術用品費くらいです。

デメリットとしては、出張先で施術するために十分な広さや設備がない場合があること。一定の条件に合ったお客さまだけしか対応できないこともあり、店舗のような集客力はあまり期待できません。

次に、移動場所や予約時間の取り方によっては、効率が悪くなる可能性があることです。自宅や店舗のようにお客さまが来店される場合は、オーナーにとって効率的な施術スケジュールを組むことができます。

しかし、出張サロンはセラピスト自身が移動しなければいけません。お客さまの場所やスケジュールの組み方によっては、移動に多くの時間を割かれる可能性もあります。

以上のようなデメリットを解消する方法としては、出張先は、美容室やほかのサロン、式場などにすれば、施術場所の心配がないでしょう。また、ネイリストが美容室の一角で出張サービスを行うなどの手もあります。

セミナー講師は長いキャリアが必要に

オーナー自身が講座や講義を受け、「自分もこの手技を広めたい！」という思いを抱き、サロンとセミナー講師を両立するケースもあります。

内容は資格取得や開業ノウハウを講義する以外に、自分で作成したカリキュラムや所属する協会の規定に則って講師やアドバイザーを育成したり、人手不足のサロンや式場などで、美容専門スタッフのお手伝いをする

出張サロンとセミナー講師の特徴

出張サロン	セミナー講師
メリット ・出張先が、お客さまのご自宅やホテルであれば、基本的に場所代はかからない。 ・余分にかかる費用としては、移動費や施術用品費くらいで済む。 ・まずは副業としてチャレンジしたり、自信がついてから店舗を取得する方法もある。	**メリット** ・自分が感動した手技などを広められる。サロンの空き時間などを有効活用できる。 ・サロンのお客さま以外にも多くのファンを獲得できるチャンス。潜在的な顧客を開拓できる。 ・雇用や就業の機会を提供でき、サロンとは別のやりがいがある。
デメリット ・施術場所が制限されることが多く、一定条件に合ったお客さましか対応できないことも。 ・お客さまの場所やスケジュールの組み方によっては、移動時間が長くなることも。	**デメリット** ・サロンでの施術と両立するにはスケジュールの組み方や、予約の受け方に工夫が必要。 ・サロン経営のような自由がなくなり、自分の時間を持つことが困難になる。
出張先（例） ・お客さまの自宅、ホテル、美容室やほかのサロン、式場など	**セミナー先（例）** ・ほかのサロン、一般企業、イベント会場など

集客が伸びて、仕事に手応えを感じるようになってから、店舗にする手も。開業スタイルを考える際の選択肢の一つとして検討してみては。

こともあります。

また企業向け研修など、新たな雇用や就業の機会提供を使命として活動している人も少なくありません。これらは**安定した取引を実現しやすい方法といえますが、長いキャリアが必要になる**でしょう。

スケジュールや予約の受け方に工夫が必要に

出張もセミナー講師も、１人で切り盛りするサロンと両立する場合、お店を休まなければならず、お客さまにご迷惑をかけてしまったり、顧客獲得のチャンスが少なくなったりします。

また集客方法は、友人の紹介やホームページ、チラシなどが中心になるので、店舗ではじめるよりも顧客数が限られがちです。**最初は店舗を取得せずに、まずは出張サロンで自信をつける**という人もいます。

余裕を考えた開業スケジュールとは？

開業までの準備期間は1年間かかることを前提に効率的な行動計画を考えよう

開業を決意してからオープンまでには多くのステップがある。何をすべきか、どんな手順を踏むのかを明確にしよう。

まずはコンセプトをつくり具体化できるようにしよう

　サロンをオープンするまでの準備期間の長さは人によって差があります。なかでも物件探しは運もあり、短いと数カ月、長い場合では1～2年かかるというケースもあります。一般的にはオープンまで約1年はかかると考えてスケジュールを立てると無理がないでしょう。

　サロンをはじめるための具体的なアクションとしては、まず物件を決めることですが、その前に考えなくてはいけないのがコンセプトです。

　たとえば、「働く女性の疲れを癒す、都会の隠れ家的サロン」「花嫁さまの美を引き出す、トータルビューティーサロン」というように、まず**「誰に・何を」提供するのかをイメージし、出店する立地や営業時間、サロンの雰囲気や施術メニューなどに落とし込んでいきます。**

　そのためオープンを決意してからコンセプトづくりに4、5カ月程かけても長くはありません。コンセプトはサロンをオープンしてから変更できないつもりで、じっくり考えましょう。

　開業資金がどれだけ用意できるかによってもサロンづくりは左右されます。自己資金の不足分は日本政策金融公庫や自治体の融資制度を利用すると便利ですが、融資を受けるために借入先に提出する創業計画書の作成期間として、少なくとも1カ月くらいは必要になるでしょう。

オープンから逆算してスケジュールを立てること

　物件探しも創業計画書の作成と並行して行いますが、サロンのコンセプトと合致する最適な立地と予算で探すこと。簡単には見つからないことを想定し、少なくともオープンの6カ月前には開始すべきでしょう。

　物件を絞り込むと同時に、提供する施術メニューを具体化していきます。コンセプトに合ったメインメニューとオプションをラインナップし、ドリンクサービスなども含め、お客さま視点を意識した価格設定であることが大事です。

　なお店舗デザインをプロに任せる場合、3カ月前には発注できるようにするのが一般的で

オープンまでのスケジュールをまとめておこう

1 人気サロン巡り

インターネット、雑誌などで最新情報に触れ、人気店や自分の理想と近い人気サロンに足を運ぼう。メインの施術とオプション、物販の様子や、接客対応などもチェックしよう。

▼

2 コンセプト設計

コアターゲット（自分のサロンにもっとも来店してほしい顧客像）を、年齢や趣味、職業などライフスタイルまで細かく設定し、どんなサロンにするかを明確にしよう。

▼

3 資金計画の立案

開業に必要な費用を書き出し、資金計画を立てよう。資金不足に陥らないために、不足分の借入先、開店直後に残しておくお金、売上目標をしっかり想定しておくことが大事。

▼

4 立地と物件探し

出店希望エリアの周辺環境、競合店や客層、駅からのアクセスなどをチェック。サロンの規模やめざす雰囲気などを踏まえて、条件にかなう物件を取得しよう。

5 メニュー考案と価格設定

メインの施術とオプションを考える。お客さまのおもてなし、会話まで細かくイメージ。価格は化粧品、オイルなどの原価やお店のコンセプトを踏まえて適正に設定。

▼

6 設計・施工をイメージ

店舗デザインを決める際は雰囲気だけでなく、機能的に快適かどうかも頭に入れておこう。他店の視察の際に、お店の坪数と店舗レイアウトを確認しておくとイメージしやすい。

▼

7 店舗工事を業者に発注

なるべく知っている店舗を手がけた業者を探そう。気に入ったサロンに業者を教えてもらったりしてもいい。サロンの設計施工を得意としていることが大事だ。

▼

8 材料・消耗品等の調達

施術に必要な材料や消耗品などの備品類を発注し、設備機器等を搬入する。サロンのロゴや看板、チラシづくり、接客のシミュレーションなどをしてオープンに備えよう。

す。サロンの設計施工経験が豊富な専門業者へ依頼しましょう。工事内容によっても違いますが、完成するまで1～2カ月かかるのが通常です。

内装などをDIYで行う場合に注意したいのは、不慣れなだけに工事は遅れがちになること。**物件を契約すれば家賃が発生するので、オープンが遅れただけ出費がかさむ**ことになります。

工事が終わるまでにやっておくことも山積しています。設備機器や化粧品などの取引業者を探したり、サロンのロゴや看板を作成したり、最初のお客さまをいかに集客するかを考えておかなければいけません。

開業早々でつまずかないためには、さまざまな準備が必要になるのです。工事が終了すれば、施術手順や接客方法などを確認するための時間が必要になることも頭に入れておきましょう。

コアターゲット層を想定し、コンセプトを考えよう

統一感のあるサロンを印象づけるコンセプトづくりがあれば、より多くのお客さまを集めることができる

どんなサロンにするのにもコンセプトに沿った内装や施術メニューが欠かせない。お客さまに強い印象を残すコンセプトを考えよう。

どんなサロンにしたいか コンセプトづくりをしよう

どんなお店を開業する場合でも、コンセプトなくしては進みません。サロンのようなサービス業なら、**まず「誰に・何を」提供するのかを明確にすることが大切**です。

たとえば、「子育て中の若い主婦が来やすいサロン」を提供しようと思えば、どんなおもてなしやサービスが必要になるか、具体的に見えてくるはずです。

コンセプトづくりで勘違いしやすいのは、「バリ風の家具に囲まれた落ち着いた雰囲気のサロン」などのように、内装やインテリアから考える人が少なくないことです。

それでは単に自分の好きなサロンのイメージでしかなく、「誰に・何を」提供したいサロンかわからないうえに、個性のないサロンになりかねません。

コンセプトづくりが大切な理由とは？

サロンを開業するとなると、内装工事をしたり、美容機器を購入したりと、初期コストもそれなりの金額になります。営業を開始してからでは、簡単にやり直しはききません。

だからこそ、開業前のコンセプトづくりがとても重要になります。一方で、コンセプトという言葉に厳密な定義があるわけではなく、使われ方も「お店のコンセプト」「デザインコンセプト」「メニューコンセプト」など、さまざまなサブコンセプトと呼ばれるものがあり、お店の運営に落とし込まなければいけません。どこから手をつければよいのでしょうか。

はじめに考えなければいけないのは「コアコンセプト」です。言い換えれば、これから**自分が開くサロンの〝存在意義〟となるものです。お店の〝価値〟**と考えてもいいかもしれません。

サロンの存在意義や価値は、商品やサービスを提供するお店側と、それを受け取るお客さま側の双方の思いが交わるところで決まるもの。

ですから、「技術さえあればお客さまは集まるはず」といった、あなた側から見た一方通行の価値はコアコンセプトとして成立しません。

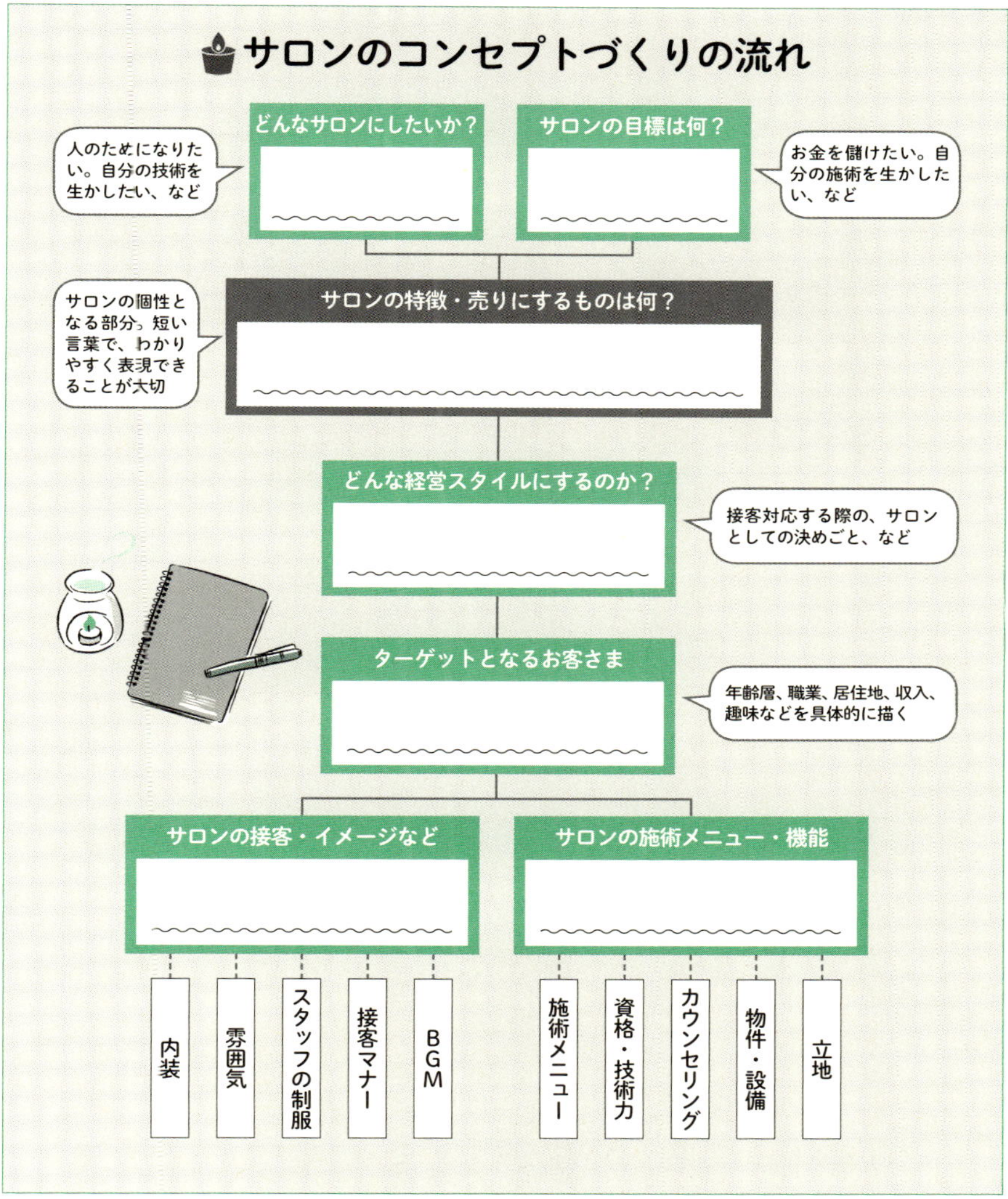

コンセプトづくりの流れを知っておこう

お客さまに満足してもらえるサロンにするには、はじめてのお客さまにも理解しやすいことが大切になります。施術だけでなく、**ターゲット層が何を得ようと来店するのか、それに対して自分は何を提供できるのかを知る**ことが前提になります。

コンセプトづくりの流れは、上の図を参考にしましょう。最終的にコアターゲット（もっとも来てもらいたいお客さま）を絞り込み、顧客イメージを明確にしていくのが目的です。「20代の働く女性」などと漠然としたものではなく、より具体的な人物像を描きましょう。

コアターゲットが見えてくれば、立地や物件、価格設定と接客法、内装や雰囲気もはっきりと浮かび上がるでしょう。

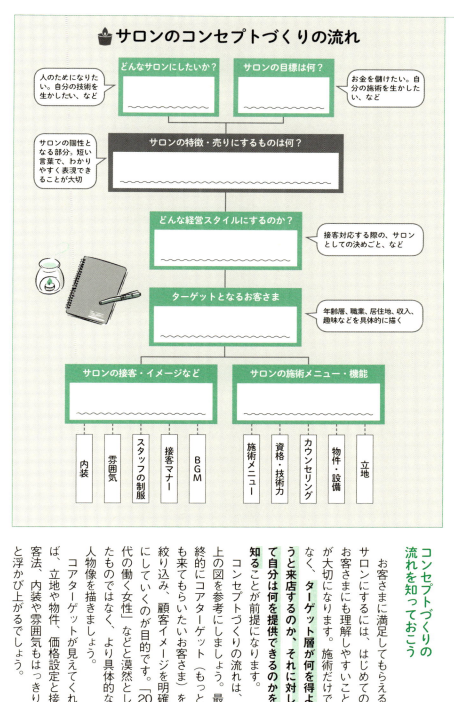

コンセプトを決めて サロンをより具体化しよう

コアターゲット層が明確になったら、自分の夢や目標を実現するために、さらにどんなサロンにするのか、さらにコンセプトを固めます。それがサロンの土台となります。

自分にできることは何か？　また、どんなものが必要になるのか？　などを考え、準備段階はもちろん**開業後のサロン運営においてもコンセプト設計に基づいて進めていく**ことになるので、とても大切です。

そこで、まず自分は「なぜ、何のために」独立するのかを、改めて自問することです。その答えが明確になっていれば、開業後の経営が苦しい時期も乗り切ることができるでしょう。

さらに開業後の3年後、5年後、その先はどうなりたいのかというビジョンも、しっかりイメージしておきましょう。

売りやターゲットなど 客観的な視点で書き出す

次に、サロンの特徴になるものを考えます。出店場所は都心か郊外か、サロンの内装はどんなテイストでまとめるか、メニューと価格設定、一人で経営するのかスタッフを雇うのかなど、左ページの図を参考にしましょう。**サブコンセプトを明確にすることで、開業までに自分が何をすべきかが見えてきます。**

注意点は、繰り返しになりますが、自分の理想とお客さまのニーズが一致する点を考慮すること。自分が思い描くサロンコンセプトが共感してもらえるようバランスを取ることも大切です。もちろん予算内で実現できる店舗づくりをすることはいうまでもありません。

こういったコンセプト決定の作業は、人前で口にしたり、紙に書き出したりすることで、さらに深くイメージを固めることができます。**自分が思い描くサロンを、頭のなかだけではなく、客観的な視点から具体化**していきましょう。

開業を前に 創業セミナーを活用

「独立したい、でも何からはじめたらいいの？」と迷っている人は、開業支援団体などが開催するセミナーに参加してみるのも手です。

夢を具体化するまでのポイントとして、開業に関する全般的な話から、物件取得、集客、経理といった実践的なもの、成功者の体験談まで内容はさまざま。

また無料個別相談の時間を設けている場合もあり、具体的な話が聞けるチャンスもあります。

ターゲットを絞り込もう 〜顧客コンセプト〜

どんなお客さまに来店してもらいたい？

- 年　齢 ＿＿＿＿＿＿＿＿
- 性　別 ＿＿＿＿＿＿＿＿
- 住まい ＿＿＿＿＿＿＿＿
- 家族構成 ＿＿＿＿＿＿＿＿
- 仕　事 ＿＿＿＿＿＿＿＿
- 年　収 ＿＿＿＿＿＿＿＿
- 性　格 ＿＿＿＿＿＿＿＿
- 価値観 ＿＿＿＿＿＿＿＿
- ライフスタイル ＿＿＿＿＿＿＿＿
- 来店の目的 心身ともにリフレッシュしたい

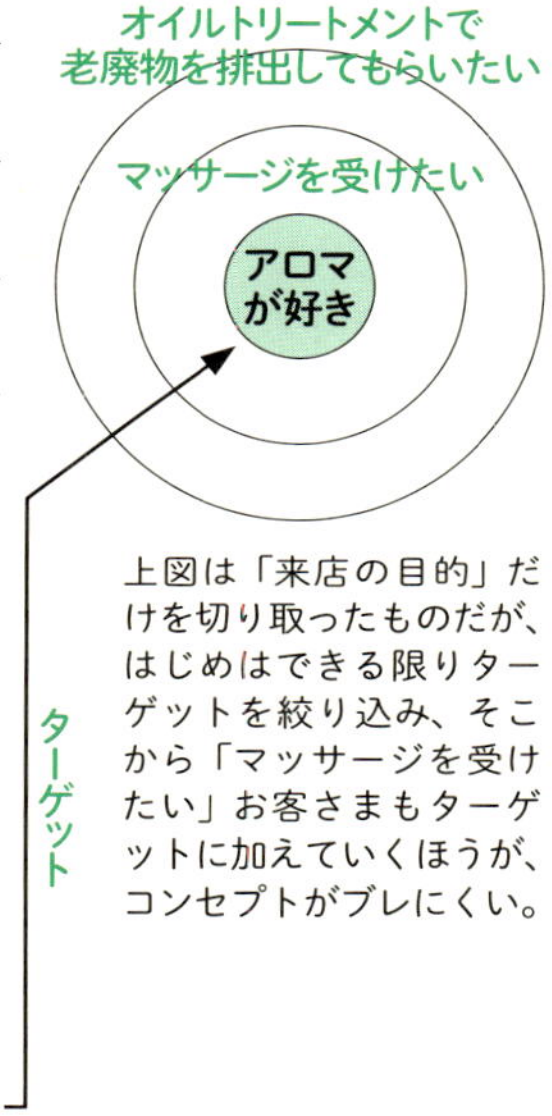

上図は「来店の目的」だけを切り取ったものだが、はじめはできる限りターゲットを絞り込み、そこから「マッサージを受けたい」お客さまもターゲットに加えていくほうが、コンセプトがブレにくい。

そのほかのサブコンセプトを決めよう

設備面

立地コンセプト
オフィス街なのか住宅地なのか、駅近なのかそうでもないのか、などをヒントに考えてみよう。

店舗コンセプト
自宅の一部を活用するのか、賃貸マンションかテナントで開業するのか、などをヒントに考えてみよう。

サービス面

メニューコンセプト
マッサージ中心か、トリートメント中心か、施術の数は絞り込むのか、などをヒントに考えてみよう。

接客コンセプト
自分の技術を広めたいのか、喜ばれる施術を提供したいのか、などをヒントに考えてみよう。

戦略面

価格コンセプト
客単価、来店頻度、中心メニューとオプション、施術の価格帯、などを総合的に考えてみよう。

広告コンセプト
サロンイメージを強調するのか、サービスの豊富さをアピールするのか、などをヒントに考えてみよう。

資金計画は開業後の経営に大きく影響する

開業資金はいくら必要？ 自己資金の目安は？運転資金はゆとりをもって見積もろう

開業までに必要な設備等の資金と開業後に必要な運転資金を漏れなく拾い出し、自己資金との過不足を把握しよう。

運転資金や予備費を資金計画に加えよう

エステサロンの開業支援を行う、メナード化粧品のホームページ「エステサロンのお仕事」(www.menard.biz/)によると、**テナントで開業する場合の開業資金の平均は約370~530万円。自宅で開業する場合は約70~110万円**となっています。

テナントの場合、内装工事費として平均200万円かかるのに対し、自宅は20万円と大幅にコスト削減が可能です。

また、施術によってエステ機器代には差がありますが（平均10~50万円）、オールハンドで行う場合、さらに少ない資金でも開業は可能です。

開業資金の内訳のおもなものは左ページの図に示したとおりですが、なかでも**運転資金は見積もりが甘くなりがちなので注意**しましょう。

運転資金には、毎月発生する家賃や仕入費、光熱費、通信費などのほか、スタッフの人件費やホームページの開設に必要なプロバイダー料金なども含まれます。このほか、個人の社会保険料や地方税なども考慮しなければいけません。

これらの見積もりが実際と月3万円違うだけで、年間36万円ものズレが生じてしまいます。予想外の“支出”は、お店の存続にかかわる重大問題になりかねません。軌道に乗りはじめたところで、資金ショートしないように注意が必要です。

とくに**開業当初の売上は予測しにくいものです。そのため、最低でも3カ月から半年分くらいの費用を、運転資金として資金計画に加えておきましょう。**

そのほかにも、居抜き物件で美容機器を譲り受けたところ、開店まもなく故障することもないわけではありません。できれば不測の事態に備えた予備費も確保したいところです。

自己資金は開業資金の3分の1は用意しよう

開業資金を見積もった結果、自己資金で足りない場合は、融資制度や金融機関などからの借入れを検討するのが一般的です（102ページ参照）。

新規開業者向けの融資制度はいくつかありますが、その多く

開業に必要なお金の内訳

物件取得関連費

- □ 契約金（保証金、礼金など）　＿＿＿＿＿＿円
- □ 不動産仲介手数料（通常家賃1カ月分）　＿＿＿＿＿＿円
- □ 造作譲渡料（128ページ参照）　＿＿＿＿＿＿円
- □ 家賃（1カ月分）　＿＿＿＿＿＿円

家具類・消耗品費

- □ 施術用ベッド、テーブル、椅子など　＿＿＿＿＿＿円
- □ 洗濯機、パソコンなど　＿＿＿＿＿＿円
- □ エステ機器（脱毛器、美顔器など）　＿＿＿＿＿＿円
- □ 消耗品費（化粧品、タオル、シーツなど）　＿＿＿＿＿＿円

工事・設備関連費

- □ 内外装費（他店を参考に）　＿＿＿＿＿＿円
- □ 設備工事（電気、ガス、水道、空調など）　＿＿＿＿＿＿円
- □ 業務用エステ機器（スチーマー、美顔器など）　＿＿＿＿＿＿円
- □ そのほかの機器　＿＿＿＿＿＿円

そのほかの費用

- □ 仕入れ費（販売用化粧品など）　＿＿＿＿＿＿円
- □ 各種制作費（ロゴ、看板、メニュー表、ショップカードなど）　＿＿＿＿＿＿円
- □ 広告宣伝費（チラシ、HP制作など）　＿＿＿＿＿＿円
- □ 運転資金（開業後3～6カ月にかかる費用）　＿＿＿＿＿＿円

合計金額（＝必要な開業資金）は？　＿＿＿＿＿＿円

楽観的な資金計画で見切り発車しても、後で苦労するのは自分。削れるところは削ったり、借入れを検討したり、必要度と資金のバランスを考えて対処しよう！

は自己資金の多寡が審査のチェックポイントの一つとなっています。なかには融資の上限額を「自己資金の3倍まで」と規定しているものもあります。

なぜ、このような規定が設けられているのかというと、その程度の**自己資金の蓄えもないということは、計画性のある開業ではないと判断される**のが理由の一つ。

また開業は名目で、別の借金の返済のための申請ではないかと疑われるからです。

そのため、仮に自己資金があっても、通帳の残高が急に増えているような場合はお金の出所を確認されたりもします。

家族や親族から集めたお金であれば問題ありませんが、たとえば、消費者金融や知人から借り入れたものである場合は、融資の成功は非常に厳しくなるでしょう。

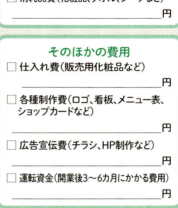

新規開業に利用できるおもな公的融資制度

開業資金の不足分を補うなら公的な融資制度が便利！もしもの備えとしても利用できる

銀行など民間の金融機関から借りるには実績がないと難しい。日本政策金融公庫などの低金利の融資制度を利用しよう。

日本政策金融公庫にまずは相談してみよう

自己資金の額にかかわらず開業資金が足りない場合は、多くの人が融資を申請します。開業後すぐは売上が安定しないこともあり、余分なお金を残しておかないと、家賃の支払いさえも困ることになりかねないからです。**もしものときの備えとしても、経営を続けるためにも、借りておいたほうが安心**です。

開業に伴う融資でもっとも利用しやすいのが、開業を支援する役割を担っている日本政策金融公庫の融資制度です。いろいろな制度があり、金利も異なりますが、おおむね1～3％未満となっています。

サロン向けの融資制度としては、「一般貸付（生活衛生貸付）」があります。くわしくは次ページの表のとおりですが、設備資金として最高7200万円まで融資を受けられます。返済期間は13年以内で、担保または保証人が原則必要となります。

担保も保証人も用意できない人は、「新創業融資制度」を検討してみましょう。無担保・無保証人で融資を受けることが可能です。融資限度額は3000万円以内で、前記の制度より利率は高めとなります。おもな要件は、「現在同じ業種での企業に勤めており、同業種に通算して6年以上の勤務経験がある」「開業資金の10分の1以上の自己資金がある」ことなどです。

このほかにも利用可能な制度として、女性もしくは35歳未満か55歳以上の人を対象とする「女性、若者／シニア起業家支援資金」などがあります。

いずれの融資制度も、**返済開始を猶予してくれる「据置期間」**が設けられています。資金繰りの厳しい開業当初のサロンにとって、ありがたいシステムとなっています（110ページのコラム参照）。

各地方自治体の制度融資を利用する手も

各自治体にも開業時の資金として使える**「制度融資」**という各種の制度があります。申込者が借入れ条件を満たしているかを自治体がチェックし、面接を行ったうえで金融機関にあっせ

新規開業者が受給可能な融資制度

	一般貸付（生活衛生貸付）	新創業融資制度	女性、若者／シニア起業家支援資金
対象	生活衛生関係の事業（飲食店、喫茶店など）を営む人	①新たに事業をはじめる人、事業開始後税務申告を2期終えていない人 ②次のいずれかに該当する人 ・雇用創出を伴う事業またはサービス等に工夫を加え多様なニーズに対応する事業をはじめる ・現勤務先と同じ業種での起業で、現勤務先と同じ業種に通算して6年以上勤めている ③創業資金の10分の1以上の自己資金がある　など	女性または35歳未満か55歳以上の方（新たに事業をはじめる、または事業開始後おおむね7年以内）
融資金の用途	設備資金	事業開始時または事業開始後に必要となる事業資金	事業開始時または事業開始後に必要となる事業資金
融資額	7,200万円以内	3,000万円以内（うち運転資金1,500万円以内）	7,200万円以内（うち運転資金4,800万円以内）
返済期間（据置期間）	設備資金：13年以内（1年以内、返済期間が7年超の場合2年以内）	「生活衛生貸付」などの融資制度を利用する場合の無担保・無保証人の特例措置。返済期間は各制度に準じる	設備資金：20年以内（2年以内） 運転資金：7年以内（2年以内）
利率	1.16～2.25%	2.26～2.75%	0.76～1.95%
担保・保証人	要	不要	要

※おもな内容を抜粋（利率等は平成30年5月16日現在）

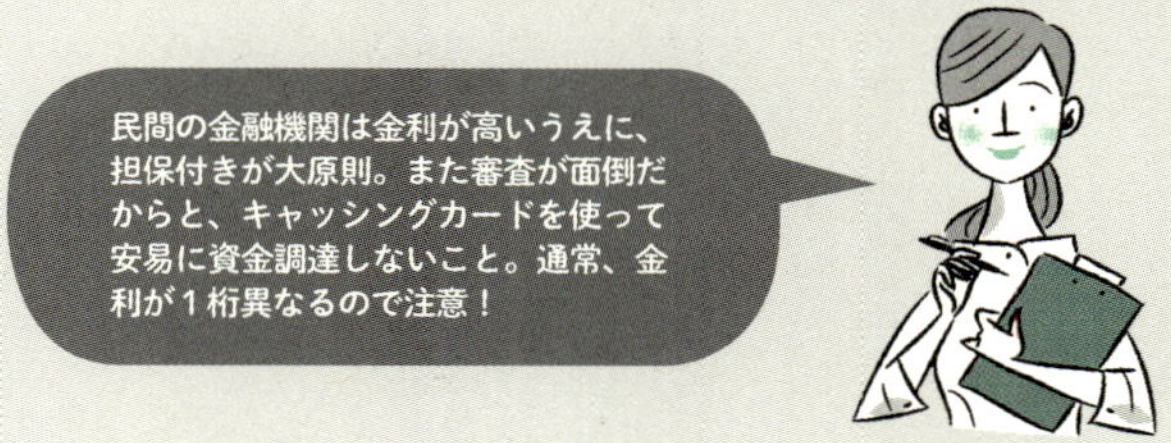
民間の金融機関は金利が高いうえに、担保付きが大原則。また審査が面倒だからと、キャッシングカードを使って安易に資金調達しないこと。通常、金利が１桁異なるので注意！

んしてくれる制度です。

　あっせんを受けた金融機関では融資内容を審査し、信用保証協会から保証が承諾されれば融資を受けることができます。

　たとえば、東京都には「東京都中小企業制度融資」というさまざまな制度があり、なかでもサロンなどの美容関係なら「創業融資」の利用ができます。

　融資限度額は自己資金に1000万円を加えた額の範囲内で、返済期間は運転資金が7年以内、設備資金が10年以内（据置期間は各1年）、金利は固定の場合1・9～2・5％となっています（2017年4月～現在の利率）。

　その他の詳細については東京都産業労働局ＨＰ（www.sangyo-rodo.metro.tokyo.jp/）などで確認しましょう。最寄りの区市などでも、それぞれ調べてみてください。

創業計画書の基本と融資獲得のポイント

融資担当者の立場になって創業計画書のポイントを押さえ、返済可能な根拠をきちんと示そう

サロンをはじめたい！　という熱意だけでは融資を獲得できない。カギとなるのは創業計画書の説得力。注意すべき作成ポイントとは？

融資を認められるためにまず知っておきたいこと

前ページでご説明したように、日本政策金融公庫の融資制度は開業資金としてよく利用されていますが、実際に**融資が下りる人の割合は10～20％前後といわれています。**

これではハードルが高いと思うかもしれません。融資の審査を通過できないケースの多くは「利益が上がること」＝「返済能力のあること」を理論立てて説明できないためです。

まずは、自分の計画の実現性を確認するためにも106ページの作成例と書き方を参考に、説得力のある創業計画書を練ることです（書面は同公庫のホームページからダウンロードできる）。

もちろん、計画はあくまで計画であって、実際にはうまく経営が軌道に乗らないかもしれません。かといって、貸す側からすれば、儲けの根拠を示せない相手に、お金を貸すわけにはいきません。

一般に、サロンの廃業率は開業後1年以内に6割、3年以内に9割といわれていますから、融資担当者からも厳しいチェックがあります。申請時に提出する「創業計画書」の内容と、あなた自身の「信頼性」で決まるというわけなのです。そこで大切になるのは以下の点です。

ポイントを押さえた計画書と人柄で返済能力をアピール

創業計画書は、たとえば開業の動機や事業の経験、具体的な商品内容や事業の見通しなどをまとめるものです。この**計画書の内容からお店の〝儲ける能力〟が判断される、極めて重要なツール**となります。

とくにポイントとなるのは、まず、「事業に対する経験」があるかどうか。いうまでもなく、同じ業界で働いてきた実績があったり、異業種でもビジネス経験のしっかりしている人ほど融資が下りやすくなります。

もう一つは「セールスポイント」。他店に比べて秀でているところは何か、そのアイデアは実現可能かなど。96ページのコンセプトづくりを参考に、あなたのサロンが成功する根拠を記しましょう。

融資の申し込みから決定までの流れ

1 最寄りの支店で相談

事前に電話するか、支店の窓口まで足を運び、どの融資制度の利用が適しているかなど、気軽に相談してみよう。一度の訪問で済むように、あらかじめ相談内容を整理しておくこと。

2 融資の申し込み

創業計画書や借入申込書など、必要書類を用意し、融資の申し込みを行う。不動産担保を付ける場合は登記簿謄本なども添付。読み手に伝わるように、整合性、客観性に注意すること。

3 面談・審査

後日、提出した創業計画書をもとに、事業内容の詳細が確認される。この際、補完する資料などがあれば、持参するとよい。おどおどしないこと。誠実に自信を持って質問に答えること。

4 融資の決定

審査に通ると、契約に必要な書類が送られてくるので、手続きを行う。申し込みから融資の実行まで1カ月前後が目安。儲けが把握しやすいように、お店の口座と融資の口座は別にしたい。

信用情報登録機関の開示情報の見方（例）

年	H30			H29							
月	3月	2月	1月	12月	11月	10月	9月	8月	7月	6月	5月
状況	A	A	$	$	P	－	－	－	$	$	$

A：利用者の都合で期日までに入金がなかった

P：入金はできたが、延滞金などの一部支払い忘れなど（請求金の一部のみ入金）

－：クレジットの利用がなかった

$：請求どおりに問題なく入金された

上表の「状況」欄に入金遅れなどが記載される。ここに「異動」とあるとブラックリスト入りを意味する。信用情報登録機関にはシー・アイ・シー、日本信用情報機構、全国銀行個人情報センターがある。利用法、手数料等は問い合わせを。

そして、最後に「事業の見通し」。前述のように確かな"根拠"が示せるかどうかです。つい利益を大きく見せたくなりがちですが、融資担当者を簡単にうなずかせることはできません。

シビアな予測のほうが、しっかりと考えている印象を与え、好感を持たれることも。また、あなたの信頼性については、面談を通じて論理立てた話や、容姿なども審査対象になります。

このほか、**自己資金額や保証人の有無も信用をはかる材料となる**ので、十分な準備期間を経て答えられるようにしましょう。

また住宅ローンなどと同じように、審査時に信用情報登録機関からローンの利用履歴をチェックされることもあります。上の図のように過去2年間の履歴が残されているので、気になる場合は個人でも開示請求できるので取り寄せてみましょう。

創　業　計　画　書

お名前　○　○　○　○

・この書類は、ご面談にかかる時間を短縮するために活用させていただきます。お手数ですが、ご協力のほどよろしくお願いいたします。
　なお、本書類はお返しできませんので、あらかじめご了承ください。
・お手数ですが、可能な範囲でご記入いただき、借入申込書に添えてご提出ください。
・この書類に代えて、お客様ご自身が作成された計画書をご提出いただいても結構です。

1　創業の動機・事業の経験等

〔平成　○　年　○　月　○　日作成〕

業　種	リラクゼーションサロン	創業（予定）時期	平成　年　月　日

創業されるのは、どのような目的、動機からですか？	・これまでの経験を生かし、自分のサロンを持ちたいと思い、○○駅前で物件を探したところ、広さのちょうどよいテナント物件が見つかった ・現在勤務先のサロンで指名客が増え、オーナーからそのお客さまに告知する許可を得られることになり、事業の見通しが立ったため。
過去にご自分で事業を経営していたことはありますか。	☑ 事業を経営していたことはない。 ☐ 事業を経営していたことがあり、現在もその事業を続けている。 ☐ 事業を経営していたことがあるが、既にその事業をやめている。 ⇒やめた時期：　年　月

熱意だけでなく、事業の見通しが立った具体的理由も書こう！

この事業の経験はありますか。（お勤め先、勤務年数など創業に至るまでのご経歴）	年月	略歴・沿革
	平成○年○月～	○○建設会社３年勤務（経理担当）
	平成○年○月～	リラクゼーションサロン○○○に５年間勤務
	平成○年○月～	退職予定
取得資格	有（　　　　）	・特に無し

重視されるポイント。別途「職務経歴書」を添付するのがベター。エステ業界が未経験の場合は、サロン開業セミナーを受講したなど、十分な知識や技術があることを具体的に示すようにする。

2　取扱商品・サービス

お取り扱いの商品・サービスを具体的にお書きください。	①・お試しコース（30分）3,000円　・半身コース（60分）8,000円　・フェイシャルコー ②ス（90分）12,000円　・全身コース（120分）15,000円　・エッセンシャルオイル ③ 2,000～10,000円
セールスポイントは何ですか。	・認定ボディセラピストを取得したことにより、より専門的で効果の高い技術を提供できる。 ・前勤務先の固定客50名のうち、新店舗近くに居住の方が30名程度いるので、継続して通っていただける見通し。・前勤務先からの特約店より、小売店では手に入らないオーガニックのエッセンシャルオイルを30種類入荷。

品ぞろえや単価が決まっている場合は一覧表を作成し、添付するとよい。その際、売上予測などとの整合性に注意。

お客さまの視点に立ったセールスポイントを記入

3　取引先・取引条件

	取引先名（所在地等）	シェア	掛取引の割合	回収·支払の条件	取引先名（所在地等）	シェア	掛取引の割合	回収·支払の条件
販売先	最寄り駅、商店街を利用する若い女性層が中心	%	%	日〆 即 日回収		%	%	日〆
		%	%	日〆 日回収		%	%	日回収
仕入先	○○化粧品 ○○ショップ（××市）	%	%	月末日〆 翌末日支払		%	%	日〆
		%	%	日〆 日支払		%	%	日回収
外注先		%	%	日〆 日支払		%	%	日〆
		%	%	日〆 日支払		%	%	日回収

個人客中心の場合は、ターゲット層を記入

契約書がある場合は添付。予定の場合は「予定」と記入

従業員等		人（　人）人	人件費の支払	日〆　日支払 ボーナスの支給月　月、　月

4　必要な資金と調達の方法

平成 ○ 年 ○ 月 ○ 日　作成

	必要な資金	金額	調達の方法	金額
設備資金	店舗、工場、機械、備品、車両など	1,070万円	自己資金	800万円
	(内訳)		親、兄弟、知人、友人等からの借入	250万円
	・店舗内外装工事	700	(内訳・返済方法)	
	(○○社の見積書のとおり)		父	
	・美容機器	100	元金2.5万円×100回(無利息)	
	(○○社の見積書のとおり)			
	・什器・備品類	150		
	(○○社の見積書のとおり)			
	・保証金	120	日本政策金融公庫からの借入 元金10万円×70回(年利○.○%)	200万円
			他の金融機関等からの借入	0万円
運転資金	商品仕入、経費支払資金など	180万円	(内訳・返済方法)	
	(内訳)			
	・仕入	100		
	・広告費等諸経費支払	80		
合計		1,250万円	合計	1,250万円

設備関連の費用については、商品名など詳細な内容のわかる見積書やカタログも添付する

運転資金はおよそ3〜6カ月分を見積もる

合計金額は左欄と右欄で必ず一致させる

5　事業の見通し(月平均)

		創業当初	軌道に乗った後(○年○月頃)	売上高、売上原価(仕入高)、経費の根拠
売上高①		60万円	120万円	〈創業当初〉 ①売上高(毎月25日間営業として計算) 平均客単価12,000円×2人×25日=60万円 ②原価率　15%(現勤務先のデータから) ③人件費 従業員:0万円 ◎家賃(月間):15万円 ◎仕入費:10万円 ◎その他諸経費:15万円 ◎支払利息:200万円×年利○.○%÷12カ月=0.4万円 〈軌道に乗った後〉 ①売上高(毎月25間営業として計算) 平均客単価16,000円×3人×25日=120万円 ②当初の原価率を採用 ③人件費 従業員(アルバイト1人):10万円 ◎家賃(月間):15万円 ◎仕入費:20万円 ◎その他諸経費:40万円 ◎支払利息:200万円×年利○.○%÷12カ月=0.4万円
売上原価②(仕入高)		10万円	20万円	
経費	人件費(注)	0万円	10万円	
	家賃	15万円	15万円	
	支払利息	0.4万円	0.4万円	
	その他	15万円	40万円	
	合計③	30.4万円	65.4万円	
利益①−②−③		19.6万円	34.6万円	(注)個人営業の場合、事業主の分は含めません。

通常、売上高×原価率で求める

支払利息(月間)は借入金×年利率÷12カ月で算出する

借入金の返済額、個人営業の場合の事業主の取り分(人件費)はここから支払われる

ほかに参考となる資料がございましたら、計画書に添えてご提出下さい。(日本政策金融公庫　国民生活事業)

資金調達に検討したいクラウドファンディング

クラウドファンディングはPRや情報収集、ファン獲得もできる資金調達法として注目されている

ベンチャー企業やボランティア団体、アーティストなどが資金調達に活用するクラウドファンディング。サロンの開業でも活用してみよう。

クラウドファンディングの4つのタイプ

クラウドファンディングは、新しい発想の商品やサービスを提供したり、社会問題を支援しようとするアイデアなど、独自の企画を持つ発案者がインターネットを通じて広く**資金提供を呼びかけ、それに共鳴した人から資金を集める方法**として注目されています。

その仕組みを簡単に説明すると、まず発案者が、自分の企画を実現するために必要な目標金額と必要経費を計算し、目標金額を達成するのに必要な支援者数に見合った広報プランを策定。

企画内容はクラウドファンディング運営会社のサイト上のプロジェクトページで、多くの支援者を獲得するべく興味を引くコンテンツを1〜2カ月など一定期間掲載してもらいます。

なお目標金額には、達成した際の支援者へのリターン費用（特典）なども含まれます。この目標金額から支援者1人当たりの支援金額（平均約1万円）を求め、仲間の協力をもらったりしながらサイト上でプロジェクトの拡散を図っていきます。

クラウドファンディングのおもな運営会社には、先駆的存在の「レディーフォー」、アートや音楽に強いといわれる「キャンプファイヤー」、また調達金額は国内最大級という「マクアケ」などがあります。

なおクラウドファンディングは、資金や支援者へのリターンによって次ページの下図のように4つのタイプに大別できます。近年、個人やグループをはじめ中小企業などが資金調達に採用しているのが「購入型」です。

開業資金の一部として、少額の目標支援額を設定することもできますし、サロンをはじめようとする人にもチャンスです。

資金調達以外にもこんな効果が期待できる

近年、クラウドファンディングは幅広い分野で活用されています。IT技術を使った商品開発や映画製作、出版、ゲームやアプリの開発などなど。

サロン業界でも、2014年には男性用化粧品メーカーが男性のフェイシャル専門エステの開業プロジェクトを立ち上げ、

クラウドファンディングの流れ

1 申請～審査
目的や希望金額などをまとめて、クラウドファンディング運営会社にプロジェクトを申請する。運営会社は内容の審査を行い、独自性、実現性、健全性などの判定をする。

2 通過～準備開始
申請内容に問題がなければ通過となり、プロジェクト実行までの準備として、ホームページ作成やリターンの設計などを行う。また運営会社の担当者からアドバイスを受けられる。

3 公開～告知
設計完了後、申請者自身のタイミングで運営会社のサイト上で公開しプロジェクトを告知する。期限までに希望金額が達成できないと不成立になり集まった支援額を獲得できない。

4 報告～情報発信
支援者から集まったコメントはサービスや商品の改善などの参考に。目標達成のお礼や、リターンの送付などをする。支援者やプロジェクトページを訪れる人にもアプローチできる。

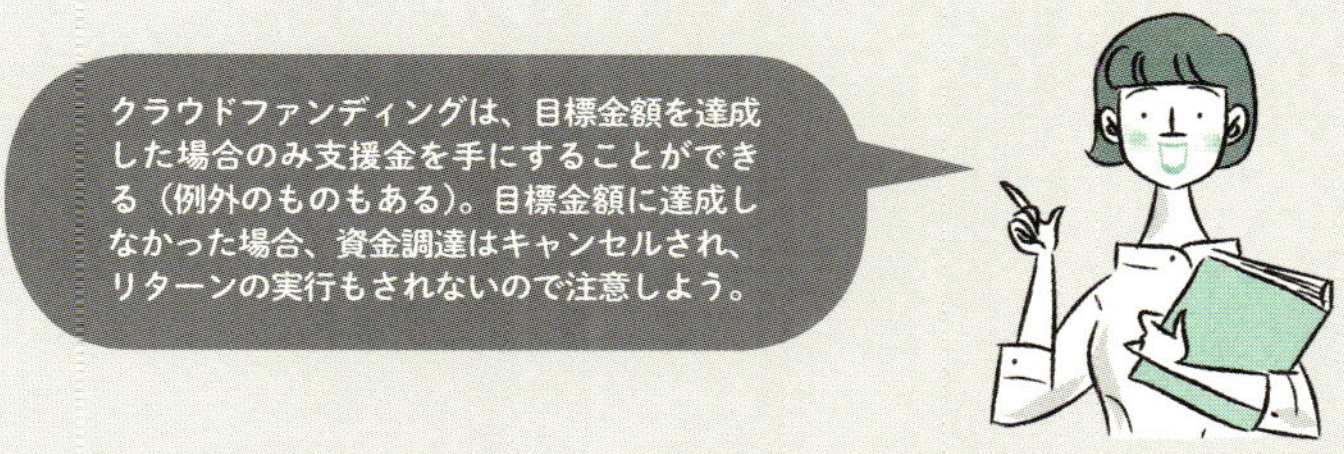
クラウドファンディングは、目標金額を達成した場合のみ支援金を手にすることができる（例外のものもある）。目標金額に達成しなかった場合、資金調達はキャンセルされ、リターンの実行もされないので注意しよう。

クラウドファンディングの4つのタイプ

1 寄付型
集まった支援金は全額寄付に充てられ、出資者へのリターンはない。

2 投資型
出資者がプロジェクトの利益のなかから「配当」を受け取る。

3 融資型
出資者が「利子」というかたちで一定のリターンを受け取る。

4 購入型
出資者はお返しとして商品やサービスなどのリターンを受け取る。

目標金額3000万円でクラウドファンディングに挑戦。当時では最高額の3000万円以上の支援金を獲得しています。

　また小さなサロンのプロジェクトでは、テナント開業したけれど、多くの人を集めてお試し体験してもらおうと、イベント開催のための会場費などを集めるためにクラウドファンディングを利用するケースも。支援者へのリターンは、特典をつけたり、割安価格で施術を提供するといった魅力を訴求しています。

　クラウドファンディングのメリットは**資金調達以外にも、「こんな魅力的なサロンがあるなら行ってみたい」と思わせる**こと。そして、それがSNSなどで話題に上りやすいこともあり、PR効果もあることです。

　支援者と直接アプローチもできるので、ファンを獲得する手段としても注目されています。

Questionでわかる 借入れのポイント

広さ約30㎡の賃貸物件を取得して、内装工事をする場合、開業には700万円程度の資金が必要といわれている。金融機関から融資を受けるときの注意点を簡単にまとめてみた。

Q1 金融機関から融資を受ける際、据置期間があると聞きました。申し込んだほうがいいでしょうか？

A サロンが軌道に乗るまでには、少なくとも開業して数カ月から半年はかかるといわれています。しかし、その間収入は少なくても人件費や材料費、家賃など現金は出ていく一方です。

そこで利用したいのが「据置期間」。決められた融資期間の、当初一定期間は利息だけ返済すればよいという制度です（据置期間は1年以内または2年以内。103ページの表参照）。

たとえば700万円を年利2.0%、返済期間7年で借りた場合、元金の返済だけで毎月9万円近くの支払いになりますが、据置期間が半年とすると毎月返済額は11,666円。約50万円のキャッシュが手元に残る計算になります。

この据置期間は融資決定までに申し込まなければならないので、悩んでいるぐらいなら申し込んでおいたほうがよいでしょう。

Q2 借入れ金の返済計画を立てようと思います。何年で返すのが一般的ですか？

A 日本政策金融公庫などの公的機関からサロン開業のための資金調達を行う場合、返済期間を5年程度にしていることが多いようです。

ただし、これは借入れ金額にもよるので、あくまでもケースバイケースです。借入れ金額が多いのに返済期間を短く設定してしまうと、毎月の返済額が大きくなり、経営を圧迫するようになりかねません。事業計画における収支の見込みなどを勘案し、借入れ金額と融資期間のバランスを考えましょう。

もう一つ注意したいのは、融資期間が長くなればなるほど利率が高くなる場合が多いので無駄に返済期間を長くとるのも考えものという点です。開業計画とともに、最適な返済計画を立てましょう。

据置期間の違いによる毎月返済額の比較

条件：融資金額300万円、返済期間5年
ボーナス払いなし、金利2.0%（変動なしとする）、元利均等払い

据置期間	据置期間中の毎月返済額	据置期間後の毎月返済額	総返済額
0年	52,583円	52,583円	3,154,968円
1年	5,000円	65,085円	3,184,076円
2年	5,000円	85,927円	3,213,384円

据置期間なしの毎月返済額は当初から完済まで一定額。据置期間の終了とともに返済負担がかなり大きくなるので注意したい。

Q3 借入れの際、保証人や担保は必要ですか？ また公的融資の自己資金の有無の差は？

A 日本政策金融公庫などでは、担保や保証人なしをうたっている制度もありますが、最低でも保証人は求められるのが現実です。

さらに、融資の希望金額が大きい場合や資金回収に若干の懸念がある場合などに、それを補完する意味で保証人や担保が必要になるケースもあります。

また、日本政策金融公庫では新創業融資制度（無担保・無保証人）の基準利率が2.26～2.75%なのに対して、担保を提供する融資の基準利率が1.16～2.25%（平成30年5月現在）となっているように、利率で差がつく場合があります。

日本政策金融公庫や地方自治体など、公的機関の融資には地域経済の活性化や若者や女性の起業を後押しするという役割が求められているので、民間よりも融資の審査基準は比較的緩めです。

ただし、設定金額上限まで融資を受けるのは非常に高いハードルです。公的機関が対象であっても、融資が下りるかどうかの決め手は自己資金といってよいでしょう。

日本政策金融公庫の中小企業経営力強化資金の融資制度など、自己資金がなくても申し込める制度はありますが、実際には自己資金がないと審査に通らない可能性があります。公庫で融資が下りる金額は、おおよそ自己資金の2～3倍と考えるのが妥当なラインです。

|第３章|

施術メニューづくりと物件選びのポイント

マンションの１室でもできるが、居住用なのか、商業ビルなのかによっても
物件の選び方は違う。便利な立地だけが成功のヒケツではない。
そんな物件の選び方をまとめて紹介しよう。

キラーメニューづくりは最初のメニュー設定がキモ

得意とする施術を洗い出し、サロン経営の〈軸〉を決めておくことが大事。売りになるものとオプションの組み合わせを考えたい

売りになるものを考えて自サロンの軸を決める

メニューづくりをする前に気を付けたいのは、経営の軸となる**キラーメニューが決まっていなければ、お客さまのニーズに届かず、結果につながらない**ことです。まず自分がセラピストとして、何を得意としているのかを考えるのが先決です。

たとえばフェイシャルエステなら、毛穴一つひとつまでの吸引が得意なのか、敏感肌に対するスキンケアが得意なのか、小顔調整のトリートメントが得意なのか……何か得意としているものがないでしょうか。

そして自サロンでの売りになる施術をきちんと定めたうえで、次にメニューづくりをしていきます。前述のような施術を得意とするのなら、メニューとしては、敏感肌用のコスメを使い、肌をこするようなマッサージではなく、指圧を使ったものにする、ニキビ肌であればくすみをとり、デトックス効果のあるパックを使うなど、何かしらアイデアが出るはずです。

このとき、**使用する材料のコストについても検討**しましょう。フェイシャルならパックを変えるだけで、それぞれの肌の問題に対応できるようになります。

誰にも負けない自信があるという施術を考えたら、単に売上を上げるためのメニューづくりをしないことに気を付けよう。

お客さま側、サロン側の双方のメリットを考慮する

避けたいのは、売れることを前提にしたメニューづくりです。最新トレンドの施術を狙っても、ただ物珍しいだけという場合が多いからです。また、他サロンがしていない**目新しさで釣るようなメニューづくりをしていると、つねに新しいメニュー開発をしなければいけません。**

それよりも大切なのは、自分の施術はお客さまにどんな効果を提供できるのかを考えることです。モニター調査などをして、**必ず結果の出せるメニューを一つつくりましょう。**

そのほかに、オプションメニューとして施術時間内に追加できそうなもの、あるいは少し延長したくらいの時間で受けられるメニューをそろえましょう。

そうすれば、マンネリ化も防げますし、お客さまは同じ時間でいくつもの施術が受けられるメリットが出ます。一方、サ

メニューづくりの流れとポイント

POINT 1
キラーメニューを決める
◎ビジネスでの立ち位置を考え、自サロンの軸となるキラーメニューを決めておく

POINT 2
他サロンとの差別化を図る
◎自分のサロンの売りになる施術で特化し、他サロンとの差別化を図る

POINT 3
結果が出るメニューを考える
◎目先の最新トレンドを追うのではなく、定番の結果が出るメニュー構成を考える

POINT 4
オプションを設定する
◎オプションメニューを考え、同じ時間内に複数のサービスが提供できないか考える

POINT 5
付加価値で勝負する
◎値段の安売りで勝負するのではなく、小さなサロンならではの付加価値で勝負する

POINT 6
効果を確認する
◎モニター調査などをして、きちんと結果が出るか効果を確認したうえでメニューにする

まとめ　**トレンドや値段の安さではなく、結果が出せる施術を身につけて、自分の強みにしていることが大事。定番の人気メニューがあれば、いつも新メニューを考えなくてもよくなるのもメリットだ。**

ロンにとっては同じ時間内で客単価を上げることができるように、ウィンウィンの関係をつくることが大切です。

もう一つ気を付けたいのは、**値段の安さを売りにするメニューづくりはしないこと**です。たとえば、5000円のフェイシャルでも、同じ時間に3人のスタッフが別々の個室で施術ができれば、売上は15000円に、さらに1日3人の予約があれば、合計9人分のエステをしたことになり、売上は45000円になります。

しかし、一人で切り盛りする場合、3人やっても15000円の売上にしかなりません。こうした違いでわかるように、安売りで生き残れるのは大手サロンの強みです。値段で勝負するのではなく、小さなサロンならではの居心地のよさや満足感など、付加価値で勝負しましょう。

売上目標を立て、収支計画を作成しよう

サロン経営は儲けの予測を立てやすいビジネスだが、売上予測が甘いと、思わぬ落とし穴も。実現可能な収支計画を立てておこう

売上目標を達成するには、毎月の出費がいくら必要になるのかをシビアに計算し、実現可能な収支計画書をつくること。

収入は少なめに支出は多めに見積もる

サロン経営は飲食店などに比べると、儲けの予測を立てやすいビジネスといえます。なぜなら、仕入れ単価は変動が少なく、在庫も通常はあまり必要ないこともあり、収入と支出の予測をシンプルに行えるからです。

といっても、オープンから1年ももたずに撤退を余儀なくされるケースも珍しくありません。その理由の一つは、**売上予測を甘く考えがち**だからです。

たとえば「支出が○円だから、売上は○円あればOK」という一方通行で考えてしまうと、「毎月、あと5人くらいなら集客を増やせるだろう」という安易な結論を導きやすくなります。

しかし、〝あと5人〟を達成できなかった場合、**仮に客単価1万円なら年間60万円、5年で300万円もの誤差**が生じることになります。

こうした経営の落とし穴をなくすには、**「現実的に、毎月いくらなら売り上げられるか」を先に予測する**ことです。そして、その枠内に家賃や人件費などの支出を収められないか検討しましょう。

また、無給を覚悟でスタートしても、生活レベルを下げられず、運転資金を生活費に回して立ち行かなくなるケースもよく見られます。趣味や嗜好品の出費を抑えるなど、生活費の切り詰めも重要な検討事項です。

そこで準備したいのが、事業の儲けの予測を示す**「収支計画書」**です。サロンに限らず開業にあたって作成するもので、106ページで説明した創業計画書にある「5　事業の見通し」欄を、より詳しくしたものと考えればいいでしょう。

次ページの図のように、**売上予測が実際に達成できることが最重要**です。支出に合わせて都合のいい数字をつくらないように注意しましょう。

とくに開業資金で融資を受けている人は、借入金の返済を毎月滞りなく行えることを前提に、よりシビアに検討することが大切です。

開業1年目は広告宣伝費の予算化を

収支計画を立てるうえで難し

賃貸マンションで自分1人で営業する場合の収支計画

	項目	金額（円）	備考
収入（売上）	施術	500,000	10,000円×2人×25日
	物販	30,000	ハンドクリームなど
	セミナー	50,000	1回1万円×5人定員（毎月1回開催）
支出（経費）	家賃	80,000	サロン専用で使用
	光熱・通信費	50,000	水道、電気、ガス、電話、インターネットなど
	消耗品費	100,000	トイレットペーパー、お茶、仕入れ費など
	広告宣伝費	30,000	チラシ作成、タウン誌への広告掲載、検索サイトへの登録料など
	返済金	80,000	借入金の返済
	雑費	30,000	予備費（施術研修費など）
月間粗利益		210,000	売上高－経費＝月間粗利益

施術の売上予測は、客単価×1日の来店客数×1カ月の営業日数で算出する

不確定要素が多い売上については、集計から除外すること

更新料などの積立分も金額に含めておく

開業1年目は予定以外の広告宣伝費が必要になることも。多めに見積もっておき、いつでも宣伝費をねん出できるよう積み立てておくことが大事

個人事業主の場合、ここから自分の生活費をねん出する

いのが広告宣伝費です。開業時はチラシなど、定番の宣伝方法を選べば問題ありませんが、オープン後のそれは、競合店の戦略や状況によってやり方を変える必要が出てくることがあります。

開業1年目については、3カ月に1回程度イレギュラーな宣伝が必要になる見込みで予算化しておくといいでしょう。実際にやってみて、もし集客が伸びなければ、何かしら別の宣伝を打つことも必要になります。そして、**宣伝した結果を見ながら、集客や費用対効果を分析し、より精度の高い方法を確立していく**のが基本です。

なお、開業当初の物販による収入はあまり期待しないこと。儲けを目的とするよりも、お客さまとの関係を深めたり、再来店につなげたりするための一手段として考えたほうが無難でしょう。

無料の予約管理システムはさまざまな機能にも注目！

ネットやスマホからのお客さまの予約を間違いなく受け付けるとともに、POSレジ、自動配信、カルテ作成などの機能も

予約システムを導入すれば、人的ミスを防げるうえに、少ない手間で多くの情報管理をすることが可能になる。

クーポンサイトで予約を受ける場合の注意点

開業したての自宅サロンのオーナーなら、電話で予約を受け付け、カレンダーに日時を記入するだけでも十分かもしれません。しかし予約が増え、スタッフを雇うようになると、**ダブルブッキングや記入間違いが致命的なミスに**なりかねません。

そこで、集客をクーポンサイトに頼っているサロンは少なくないようです。たしかに、クーポンサイトを使っていると、サロン検索した場合に上位表示されるSEO対策に強く、アクセス数が圧倒的に多くなるのは大きなメリットです。

しかしネット集客を、こうした外部サイトだけにしていると、機会損失やリピート率の低下につながりかねません。

なぜならば、クーポンサイトからのお客さまは、当然クーポン利用が前提になります。そのため、**新規客を集めるためには有効ですが、その後リピートにつながりにくい**という面があるからです。

予約管理システムのさまざまな機能とは？

そこで便利な集客ツールになるのが、ネットで予約受付・顧客管理ができる無料サービスです。専用のアプリをパソコンやスマホ、タブレットにインストールするだけで使えるクラウド型のサービスなら、専門的な知識はほとんど必要ありません。

予約情報や顧客情報はサーバー側で管理されるので、遠隔地からでも、またパソコンを買い替えてもOKです。

そのほかの代表的な標準機能としては、次の3つがあります。

・POSレジ

POSレジが標準装備され、予約された施術メニューと会計が連動されます。会計時にお客さまを待たせることがなく、毎月の売上を集計したりする業務が軽減されます。

・自動配信

メルマガやクーポンの自動配信ができるサービス。予約の前日に配信する設定にすれば、予約忘れによるキャンセルが防げます。また、クーポンやキャンペーンの際にも告知しやすくなります。

予約管理システムの仕組み

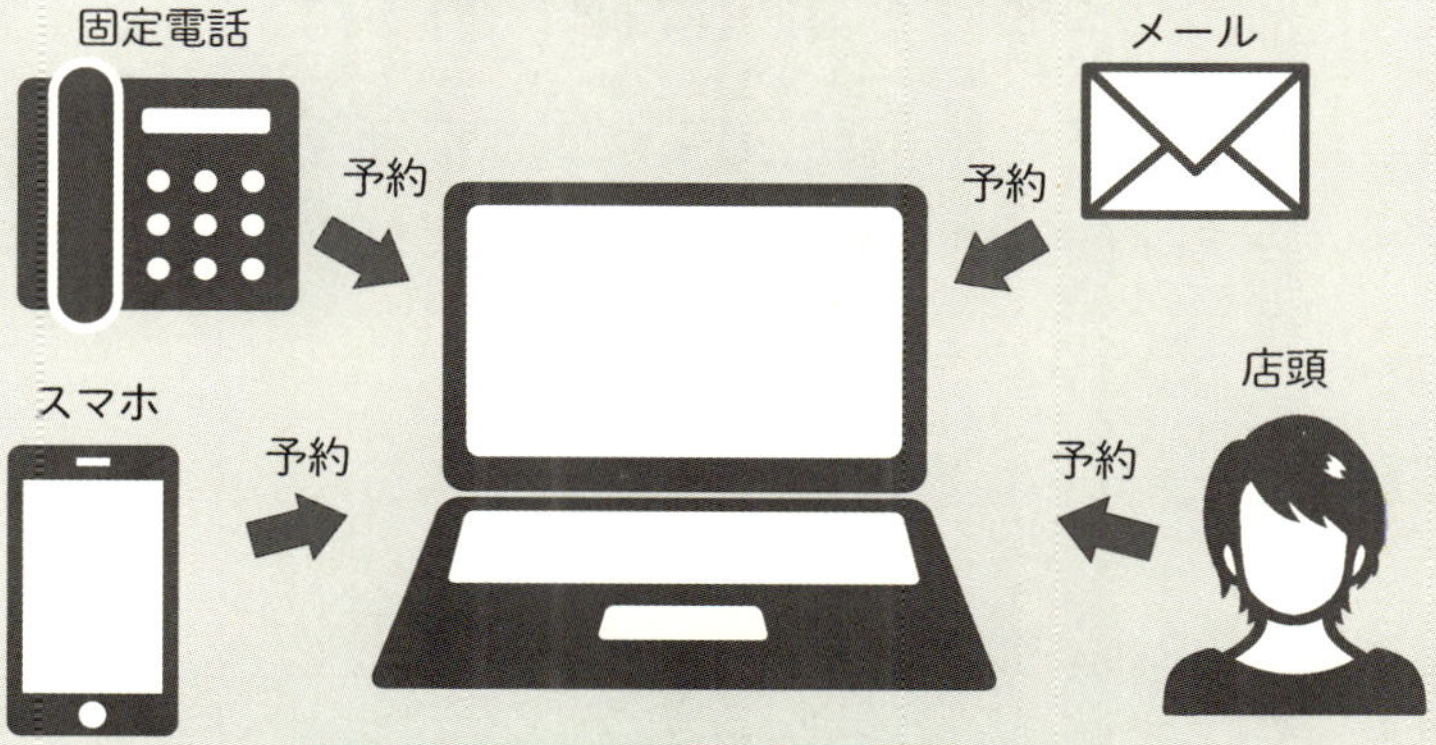

お客さまの予約を一元管理

インターネットや電話、メール、店頭での予約を一元管理。予約状況はリアルタイムで同期されるため、ダブルブッキングを防止できる。サロンの場合、クーポンサイトからの予約にも対応。

電話予約もＯＫ

お客さまからの電話を受信すると、サロン側に自動で「顧客情報」が表示。来店履歴などもわかるのでスムーズに予約受付ができる。

予約日時などのほかに、お客さまのコメント、特徴なども登録しておくことができる。

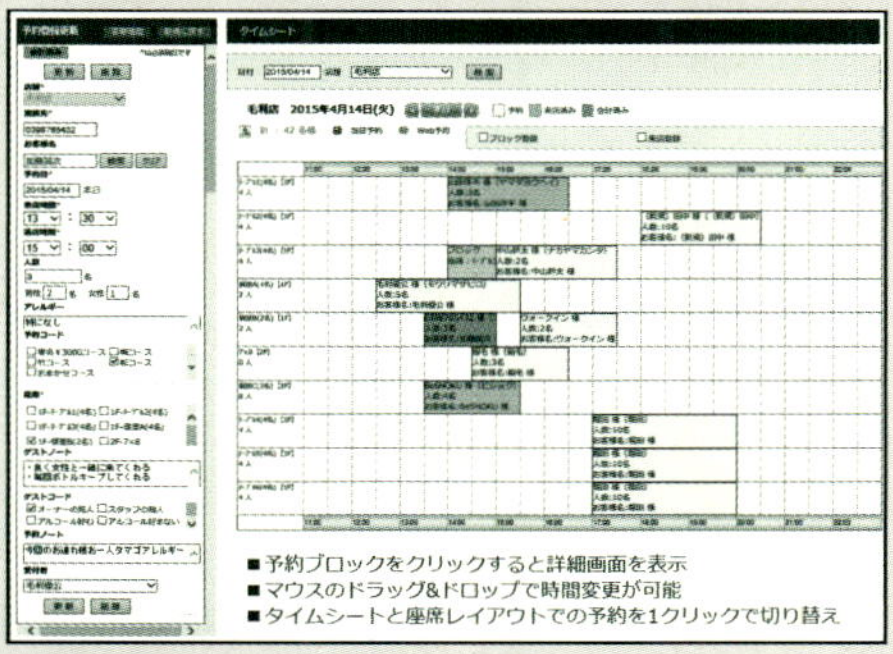

「ビサロ」のタイムシート予約
（協力：サロン予約システム「ビサロ」株式会社オフィス24）

・カルテ作成

紙に記入すると手間のかかるカルテ作成機能もあります。顧客情報（連絡先、来店動機など）、来店履歴（日時、利用した施術など）、ポイント数、お客さまの印象に残ったコメントなどを登録し、一括管理と閲覧が可能です。

なお無料で使えるのは、基本的な標準機能に限られ、なかには2週間〜1カ月程度の期間だけ無料で利用できる場合もあります。**予約数が増えてきたら、それに応じてより充実したプランにしてもいい**でしょう。

このような予約システムは、「Ａｉｒリザーブ」「レゼルバ」「クービック」など、さまざまなアプリが登場しています。専用の比較サイトなどで各プランの充実度や必要な機能、料金プラン、サポート体制など、じっくり比較して決めましょう。

お客さまが利用しやすい適正な価格設定とは？

はじめてのお客さまにリピートしてもらうには、手頃な価格設定も大切だが、施術内容と併せて、いかに満足感を与えられるかもポイントになる

価格設定は施術内容だけでなく店内の雰囲気、所要時間、セラピストとの会話など、ほかのサロンも参考にしながら、さまざまな角度から検討したい。

価格の安さよりも自サロンを印象づけること

あなたがサロンで施術を受けたときのことを思い出してみましょう。価格は安いに越したことはないでしょうが、それよりも大事なのは、いかに満足できたかではないでしょうか。

施術メニューによっても違いますが、価格設定はサロンのコンセプト、顧客ターゲット、立地条件などによって変わります。オフィス街で働く女性向けなら会員制の価格設定、駅前や繁華街なら「定額制」で選びやすいといった要領です。

コースメニューを売りにしたり、ジェルネイルとネイルケアが同時にできたり、競合店にはないオリジナルメニューがあると強みになります。そのほかにも、初回割引や期間限定の割引制度を設けるケースもあります。

お客さまに豊富なメニューを提案することは大切ですが、個人サロンであまり施術の幅を広げすぎると個性が薄れてしまい、他サロンに比べて印象を弱めてしまわないとも限りません。**自分の得意とするメニューを絞り込んで、それに加えてオプションを選んでもらう**など、ほかのサロンとの差別化を図りましょう。

満足度を高める施術、サービス、雰囲気など

実際的な価格設定の方法を見てみましょう。近隣の競合店やコンセプトが似ているサロンの価格を調べ、おおよその**相場を割り出し、目標売上高と照らし合わせ、妥当な料金を打ち出す**のが一般的です。

また以前、勤務していたサロンや技術を習った先生のサロンの価格を参考にしたり、一部の協会で設定している価格基準にならうと無難です。

さらに、目標になるようなサロンの施術を受けに行き、サービス内容と価格を照らし合わせ、「自分の技術レベルにはいくらの値段がつけられるか？」を実体験してもいいでしょう。

なお、東京圏などと地方では物価も違うため適正価格を見極めることが大切です。といってもあまり安く設定し過ぎるとサロンのイメージ低下につながる恐れも。同時に、少しぐらい**高**

オリジナルメニューと価格設定

オーダーメイドのメニュー

aper（28ページ）

●**施術メニュー（例）**
基本トリートメント＋選べるメニュー
●**価格（時間）：10,500円（90分）**
　基本メニューのトリートメントに加え、お客さまがフットリフレクソロジー、デコルテといったなかから体調などに合わせて好きなメニューを選べる。選べるメニューは90～210分までで施術数は異なる（1～5つまで）。

お肌の悩みに特化

ki.ha.da（34ページ）

●**施術メニュー（例）**
毛穴吸引＋ビタミンＣイオン導入など
●**価格（時間）：8,000円（50分）**
　アーユルヴェーダの基本メニューのほかに、お悩み別コース「毛穴クリア・ニキビ肌コース」「美白・色素沈着対策コース」などや、1日1名限定で2人のセラピストが同時施術する「スピリットコース」などもある。

ついでにできるワンコイン価格

mars（52ページ）

●**施術メニュー（例）**
各部の角質ケア、リップケアなど
●**価格（時間）：500円（10分以内）**
　ブラジリアンワックスの脱毛を行ったついでに、ワンコイン感覚で受けられるサービスメニュー。肘、膝、くるぶしの角質ケア3点セット、小鼻、アゴの黒ずみザラザラ角質ケアなどを500円（税別）で提供する。

有効期限5年の会員制度

WANDEE（66ページ）

●**会員制度**
メンバーズ倶楽部
●**価格（時間）：12,800円（5年間）**
「メンバーズ倶楽部」は会費1万2,800円で会員になると、5年間にわたってすべてのメニューがメンバー価格で利用できる。施術メニューにもよるが、5～6回の利用で元が取れる仕組み。お連れさまの料金もメンバー価格に。


額でも、お客さまの満足が得られれば、リピートにつながることを覚えておきましょう。

　施術だけではなく、より親密なケアやサービスに注力したり、空間づくりを工夫するなど、お客さまの満足度を高める対策と努力も欠かせません。

来店客のためのメニュー表をつくろう

　メニューと価格が決まったら、ホームページやショップカードの裏面、チラシなどに明記しましょう。また、来店したお客さまがサロンで確認できるように、メニュー表も用意しておくこと。パソコンを使うほか、カラーペンで手描きしたり、施術写真と料金表示をレイアウトするなど自作してもいいでしょう。

　クリアファイルを利用すれば、チラシなどを指し込むだけでいいので簡単です。

お客さまの興味を引く物販の考え方

施術以外に物販するのも有効だが、強引に売り込んでも逆効果。いかに興味を引き、手に取ってもらうかが大事

サロンのなかには、手間をかけず上手に商品を売ったりするところもある。売上向上にも有効な物販のコツを知っておきたい。

お客さまの立場になり強引に売り込まないこと

　アロマオイルをはじめ、ハンド、ボディケアなどの商品をサロンに置いて売れば、時間も手間もかけずに利益を得ることができるので、物販は魅力的と思うかもしれません。しかし、そう簡単には売れないのが現実のようです。

　サロンオーナーは、ついあの手この手で売り込みたくなりますが、多くのお客さまは、そんなセールストークを快く思わないことが多いのです。

　また、サロンを経営していくうえで**物販の売上目標を設定すると、ノルマを達成するのに強引な売込になりかねません。**

　あなたが客の立場になったとき、相手が控えめに提案しているつもりでも、不快な思いをしたことはないでしょうか。よくあるケースは、「強引な売込をされた」という悪い印象を与えてしまい、施術を気に入って来店してくれているお客さまの足をも遠のかせてしまうことです。

　そうならないように、最初から**物販の利益は見込まず、オプションとして置いておく**くらいの気持ちが必要です。

お客さまの興味を引く自信の持てる商品を

　物販はお客さま一人ひとりの状態に合わせた提案が不可欠です。お客さまのほうから、「こちらで使っているこの商品は売ってもらえるの?」と聞かれたときや、ケアについて相談された場合、その商品を紹介するよい機会と考えましょう。

　当たり前のことですが、物販品はあなたがいいと思えるものでないとお客さまに納得してもらえません。セールストークが苦手なら、手描きのPOPで商品の使用感や効果、メリットをわかりやすく紹介しましょう。

　また、サンプルと一緒にウェイティングスペースに置いておくと、お客さまの興味を引くかもしれません。サロンの雰囲気に合わせたディスプレイをして、センスよくお客さまにアピールしましょう。

新鮮さのある品ぞろえやディスプレイにも工夫を

　商品の品ぞろえやディスプレ

読ませる「手描きPOP」

気になる効果を簡潔に

ほとんどの商品につくＰＯＰには、どんな効果があるか簡潔な説明が。商品は壁につくりつけた棚にディスプレイして、手に取りやすくしている（mars 52ページ）。

待ち時間に手に取ってもらう

ウェイティングスペースのテーブルに、目を引く手描き文字のＰＯＰとともに商品を置いている。試供品やメンバーズ倶楽部のお誘いも（WANDEE 66ページ）。

さりげなく目を引く「ご提案」

多用途なブランド品をまとめて

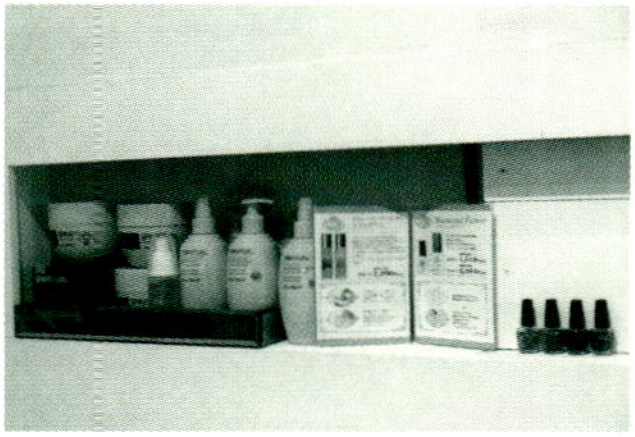

ネイルチェアの正面の壁に、ハーバル系の爽やかな香りのケアオイルをディスプレイ。マッサージクリームなどとの組み合わせもアピール（nail studio one 40ページ）。

いろいろな使用シーンに対応

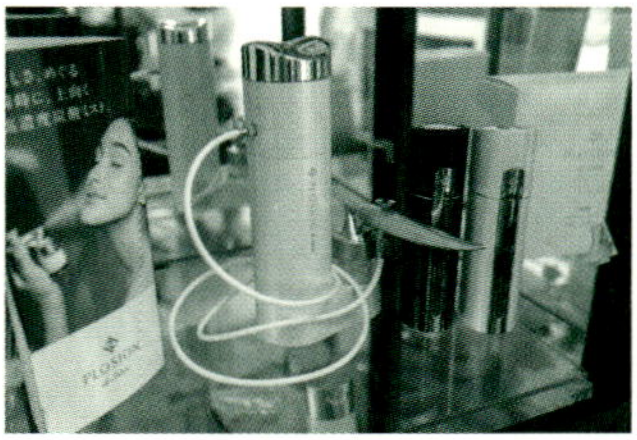

持ち運びやすい炭酸ミストと、ホームケア用のミストユニットを並べてディスプレイすることで、お客さまの興味を引く（Renabeau 14ページ）。

イには工夫が必要です。いつ訪れても同じ商品しか並んでいないようでは、お客さまの関心が薄らぎます。

日々**お客さまと接するなかで感じたニーズと、季節を意識した商品を、タイミングよく置く**といいでしょう。

また、気が付くと新しいものがあったりすると、お客さまの購買意欲をそそります。

あなたが「これはいい」と思ったものを置くことができるのは、自分のサロンならでは。何気ない会話のなかで商品について触れるなど、お客さまのメリットになる情報を伝えることも必要です。

そのうえで、話題になっている肌にやさしい手づくり石けんや自家製のアロマクリームなど、お客さまの興味を引きそうなものを、目につきやすいところにディスプレイしましょう。

エリア特性の確認と立地選びの基本

サロンをはじめる立地選定で先入観に頼るのは間違いのもと。
統計データや自分の足で確かめておこう

人気の街や賑やかな駅前だけが、最適の場所とは限らない。あくまでも自分の考えるサロンのコンセプトに合った立地を選びたい。

立地を考える際は コアターゲットがいるか確認

サロン開業後の集客の決め手の一つは、コンセプトに沿ったサロンができる立地かどうかです。**コアターゲットとして、どんなお客さまを呼ぼうとしているのかを明確にしておかないと、潜在的なお客さまを逃しかねません。**

同時に、賃貸マンションあるいはテナントとして賃貸借契約をするのか、それとも自宅を使って隠れ家的サロンにするのかなどを決めていきます。

このような流れで考えていけば、ターゲット客が訪れているか、またはターゲット客が住んでいるかによって、開業するべき立地が絞り込めるはずです。

人の流れと採算性を データでチェックしよう

立地選びは、接客方針によっても違ってきます。

たとえば、時間をかけて施術できるように、ゆったりスペースで開業したいと思えば、家賃の高い都心よりも、閑静な郊外が向いているかもしれません。

また、これから多くなる高齢者層をターゲットにするのであれば、郊外でも利用してもらいやすい駅前が有力です。

その一方で、前の職場のお客さまを顧客にできるのであれば、利便性を考えて環境が変わらない街を選ぶという手もあるでしょう。

ただし、都心の一等地のように家賃が高い場所は、開業後の売上で採算が取れるかが問題になります。

そこで、出店場所の狙いがある程度絞れたら、**「商圏分析」**をしましょう。

出店の候補地を管轄する役所に行けば、「人口統計資料」を手に入れることができます（インターネットで閲覧できる場合もあります）。これを見れば、地域ごとの人口増減や性別、年齢層、世帯数などが掲載されているので、人口分布の実態が見えてきます。

東京都内であれば、サロンの周囲１キロ圏にターゲットとする人口が１万人ほどいれば、その１％の割合の１００名の方が最初に来店されることが期待できるといわれています。

市場調査のチェックポイント

- □ サロンのコンセプトやコアターゲットは明確になっているかを再確認する
- □ コンセプトやコアターゲットにふさわしい街の条件とは何かを検討する
- □ 役所にある「人口統計資料」などを基に、市場規模を簡単に把握する
- □ 周辺地図を眺めて、駅や商店街、公共施設の場所から人の流れを想像してみる
- □ 現地まで足を運び、通行人の動線、とくにターゲット層の流れを確認する
- □ はじめてのお客さまが入りやすい物件がありそうか、エリアを広げながら探す
- □ 近隣にコンセプトやターゲット層が似過ぎている競合サロンはないか確認する
- □ 候補エリアの家賃や保証金の相場をリサーチし、採算が合うかどうか確認する

近くに競合サロンがある立地でも、独自のコンセプトがあり、それをきちんとアピールできれば、そのコンセプトを理解してくれるお客さまは来てくれる。ただし、コンセプトやターゲットがよく似たサロンがあれば、その近所は避けたほうが無難かも。

時間帯を変えて自分の足で市場調査も

実際に現地を歩いて**「市場調査」**することも欠かせません。とくに次のような立地には注意が必要です。

・人通りの多い駅前だが、かえって立ち止まりにくい
・賑やかな商店街だが、ターゲットの生活動線から外れている
・駅周辺にサロンのイメージと合わない業種の店がある

など、実際に見ないとわからない土地土地の特色が多々あるからです。

1回だけ歩けばいいわけでもありません。午前～午後～夜と時間帯を変えて訪れるのが基本です。時間経過と人の流れの推移、街灯の明るさや夜間の治安の良し悪しなど、利用してもらいたいお客さまの立場になって、街を見てみましょう。

物件探しをはじめる前に決めておきたいこと

サロンはお客さまに与えるイメージが大事。それだけに物件選びはこだわりたいが、いかに予算内で希望に近いものを見つけるかがポイント

理想のサロン空間を実現しようと物件探しをする人が多いかもしれないが、実際は立地や条件によって大きな差がある。何を優先するかを決めておこう。

希望条件を書き出し優先順位を決める

開業するエリアが決まったら、いよいよ物件選びです。といっても、いきなり探しはじめるのではなく、まずはサロンのコンセプトに沿って希望条件を書き出しましょう。たとえば、

・用途…店舗用物件か、居住用物件か？
・場所…駅近か、閑静な住宅街か？
・階数…路面店か、ビルの2階以上か？

などのほか、次ページのリストを参考に条件を書き出したら、次に優先順位をつけましょう。

なぜならば、予算に制約があるなかでの物件探しでは、希望条件をすべて満たす物件が見つかるとは限りません。また、コンセプトが明確であればあるほど、物件が見つかりにくいという面もあります。

そのため、**希望条件は絶対に譲れない項目と、ある程度は妥協してもよい項目とに分けておく**ことです。そうすれば、似たような物件が複数あるときなど、比較検討するのに迷わずに済みます。

条件が絞り込めたら、インターネットや地域の不動産会社から情報を収集し、物件見学に行くことになります。

現地では、たとえば商業ビルや居住用マンションの2階以上の物件は、階段や廊下の雰囲気も大切です。狭く薄暗い階段は短所になりかねません。

また、とくに居住用マンションでは、エントランス部などに、置き看板が出せるか否かもポイントです。契約前に不動産屋を通して、物件のオーナーに確認しておくのが基本です。

物件取得費以外に必要になる予算も見積もる

家賃は毎月かかる固定費なので、無理をせず開業資金計画で立てた物件取得費の金額以内で選ぶことが大切です。

家賃は売上目標の7~10%の金額に収めるのが理想です。一般に、10坪未満で客単価の低い店舗は7%、10~12坪くらいの客単価が比較的高めの店舗は10%までが適正な家賃比率といわれています。

家賃は変動することのない固

物件探しのチェックポイント

Point 1
広さ
自分の行いたい施術やコンセプトに合った空間がつくれそうかをチェック。安めの広い物件があっても、光熱費が余分にかかってしまうデメリットも想定しよう。ムダなスペースは少ないほうがよい。

Point 2
立地
コアターゲットが利用してくれそうなエリア、場所であることが大事。「人通りが多く、賑やか」「駅から近い」「人気のある街だから」などといった理由だけで立地を決めないことが大切。

Point 3
設備
電気、ガス、水道などの配管の位置や容量は、とくに古めの物件ほどしっかりと確認しておくこと。開業後に排水管が壊れて修理が必要になるケースも。また、居抜きは設備だけでなくコンセプトと合うかどうか慎重に検証したい。

Point 4
予算
地域によって家賃相場や保証金などに差があるので、あらかじめ調べておこう。家賃は、毎月の売上目標の7～10％程度に収めるのが基本（本文参照）。また予算内に収めるためには、希望条件に優先順位をつけて、譲れない点と妥協してもいい点に分けておくこと。

Point 5
階数
マンションやビルの2階以上にお店をはじめる場合は、開業後のアピール方法が肝心。看板を1階に置かせてもらえるか、エレベーターや階段は暗く汚くないかなどをチェック。防犯カメラなど、セキュリティ面での対策も確認しておくこと。

定費ですから、物件探しの段階でいくらまで出せるのかしっかりと計算しておいたほうがよいでしょう。前記の比率をオーバーしてしまうと毎月の経費負担が大きくなり、経営を圧迫する可能性も。

契約時には家賃のほかにも保証金や前家賃が必要なケースが一般的なので、それらを含めて予算内に収めること（126ページ参照）。さらに、物件によっては修繕費や内装工事費もかかってきます。そういった経費もすべて考慮に入れて決定することが重要です。

なお、希望に近い物件がすぐに見つからないことも多々ありますが、**今ある物件だけで決めないこと。季節の変わり目などに空き物件が出ることも。**慎重に物件を決めるのであれば、半年から1年はかかることもあると考えていいでしょう。

賃貸借契約に関連する諸費用と契約の注意点

保証金、契約条項など、店舗物件を借りる際に特有の基本ルールを確認しておこう

契約条項は物件ごとに違うくらいに内容が異なる。借りてから後悔しないように不利な条項がないかチェックしよう。

サロン経営者として信頼できることを示そう

　物件を探すにあたっては、不動産業者と良好な関係を築いておくようにしたいものです。いつでも相談に乗ってもらえるようになれば、条件のよい物件を紹介してくれたり、エリアの情報を教えてもらえたり、契約をスムーズに運べたりします。

　賃貸契約を結ぶにあたって不動産業者が一番気にするのは、きちんと家賃を払ってくれるかどうかです。ここでも創業計画書を提示して、確実に収益が見込めることを説明しましょう。

　また、居住用のマンションの1室で開業する場合、部外者が出入りすることを快く思わない大家さんもいますし、エントランスなどに看板を置いたりできないところも少なくありません。

　不動産業者に対しては、経営者としてモラルやルールにも気を配り、周辺に配慮できることを示しておきましょう。

実質賃料と家賃発生の期日を確認しておくこと

　物件探しをする段階では、実質賃料を確認しておくこと。物件広告に「1坪○万円」というように出ている場合、その額に加えていろいろな名目の費用が必要になります。**実質的な賃料は、保証金の金利や共益費などを全部足した額が必要**になってくるので注意してください。

　また、物件によっては賃料以外に請求されるものもあります。たとえば一括で空調管理をしている場合やゴミ処理などの費用を請求されるケースなどです。これらは毎月の固定費になるので、忘れずに計算に入れておく必要があります。

　実質賃料が計算できたら、その**賃料をいつから支払うのか確認することも重要**です。契約してすぐ支払うのと、工事がはじまってからでは負担が違います。できれば、なるべく遅いほうがいいので聞いておくこと。

　内装工事の費用負担についても、借りる側が負担する部分とオーナー側が負担する部分があるので確認しましょう。

保証金の扱いやその他の諸費用に注意

　店舗物件の保証金は、一般に

物件ごとに諸費用の内容をチェック！

保証金
賃貸住宅の場合の敷金にあたるもの。賃貸契約終了時に全額返還されるのが基本だが、家主によって条件は異なる。家賃の６カ月以上が通常だが、物件によっては12カ月以上も。

共益費、管理費
建物の共用スペースの管理に必要となるお金。一括で空調管理をしている場合や、ゴミ処理などの費用が含まれる。賃貸住宅とは異なり、家賃に含まれる場合が多い。

前家賃
賃貸住宅と同様に家賃は通常、翌月分を前月に支払う。また、契約した月の家賃は日割りで支払うので、当該月分（日割り）と翌月分の家賃が前家賃となる。

譲渡料
元飲食店の居抜き物件で必要となることが多い。設備機器、什器、内装などを、そのまま受け取る際に必要となる。交渉によっては値引きもできる。

礼　金
賃貸住宅で礼金のかからない物件も見られるようになっているが、テナント物件でも徐々に減りつつある。家賃の１カ月分が基本的な相場。

更新料
契約更新時にかかる費用。一般的には1カ月分になる。２、３年後に必要な費用になるので、忘れずにチェックしておくこと。

不動産仲介料
不動産会社に支払う手数料。通常は家賃の１カ月分が相場だが、同じ仲介業者を何度も使っているのであれば割引してくれる可能性は高い。

不動産業者に限らずオーナーと直接交渉する場合、あまり値切りすぎるのは考えもの。かえって「資金不足なのではないか？」と、不審に思われる可能性がある。ほどほどにお願いするのが肝心だ。

家賃の６～12カ月分とかなり高額です。そのぶん、運転資金に回せる資金が減ることになるので、家賃は少しでも減額を交渉したいところ。とくに**長期間借り手が見つかっていない物件などは減額してもらえるチャンス**があります。

契約を結ぶときの注意点としては、たとえば契約条項に「保証金の償却年３％」といった記載がされている場合。毎年保証金のうち３％が貸主の収入となり、保証金残高が減っていくことになります。

さらに契約更新する場合、通常、借主は目減りしたぶんの保証金を補填することになります。あらかじめ契約内容をよく確認し、納得のうえ印鑑を押すようにしましょう。

そのほかにも上図のような費用が発生するのでチェックが必要です。

居抜きはスケルトンより損かお得か？

居抜き物件は数多く、開業までの期間を短縮できるなどメリットは多いが、本当にお得になるか、スケルトンとの比較も必要に

開業にあたって居抜きを借りる場合は多いが、安くなるとは限らない。ほかにも注意すべきポイントをまとめておこう。

居抜きにかかる造作譲渡料とは？

居抜き物件とは、店舗として使われていた物件が退店したことにより、内装をはじめ造作や設備をそのままに、売買や賃貸に出される物件を指します。

サロンをやめる場合、せっかく多くの費用をかけて内装工事をしたのですから、できれば解体せずにそのままの造作や設備を現金化したいと考えて、次の借手に譲渡したいのです。

これからサロンをはじめようとする同業者にとっては、ある程度の**経営環境が整っていますから、条件さえ合えば、初期投資を抑える**ことが可能です。ただし、不動産会社で居抜きを借りる際、**「造作譲渡料」**という、以前の造作や設備を買い取るための費用が必要になります。

居抜き物件は街の不動産会社は専門外ですが、サロンをはじめ店舗物件を専門に扱う業者があります。造作譲渡料は人気薄の物件の場合、値引きされていくことも多く、交渉しだいといえるでしょう。

居抜き物件が出るのはそれだけの理由がある

たとえば、あるサロンが10年営業して閉店するとします。同業者がサロンとして借りるのであれば、そのまま使えるものが多いでしょう。しかし造作譲渡が何百万円もかかるとすると、それだけの価値が本当にあるのか検討の余地があります。

業務用の美容器具や空調は、一般に10年を区切りに故障が増えます。当初は使えていてもいつ壊れるかわかりません。

しかも退店した理由があるはずです。儲かっていたらやめないはずですから、家賃と売上の採算が合わない場合などが多いようです。店舗の設計施工のプロによると、「雰囲気がよくない」ので退店した可能性が高いといわれます。ですから、借りようとする物件が気に入っても、前のお店の負のイメージを引きずらないようにするには、大幅なリニューアル工事が必要になることもあります。

たとえば造作譲渡料１００万円に３００万円をかけてリニューアルすると総額４００万。これだけあれば、内装や造作をす

居抜き物件のメリット&デメリット

メリット

◎使える設備が残されていれば改装費用を抑えられ、開店までの期間も短縮できる。
◎物件契約をした段階で家賃は発生するので、開店までの期間が短ければ短いほど初期投資を抑えられる。

デメリット

◎以前のお店のレイアウトや造作が、思い描いていたイメージと違う場合が少なくない。
◎必要のない設備機器が残っている場合があり、スムーズな動線が確保できないことも。
◎使えない設備を撤去してつくり直すことになると、撤去費用が余計にかかってしまう可能性もある。

「ネイル スタジオ ワン」（40ページ）があるのは居住用マンションで、居抜きではないが、オーナーの佐藤さんは以前の住人が残した間接照明や、白で統一された壁や天井の色調がサロン向きだと考えて決めた。

スケルトン物件のメリット・デメリット

メリット

◎自分の思い描いたお店をイメージ通りに再現できる。ただし、店舗のレイアウトやデザインをすべて最初からやらなければならないので、余分な材料費や工事費、手間と時間が必要に。

デメリット

◎工事が遅れると開業の遅れを招き、余分な家賃が発生する。
◎電気配線、水道配管はサロンを営業するのに不備がないかを確認する必要がある。
◎退去の際には原状回復の工事費用がかかることがある。

「オシオ」（72ページ）は、元は書店の半分を占めていたスペースをスケルトン状態に。電気、ガス、水道工事以外は仲間の協力を得て、DIYによるサロンとカフェを併設したお店が完成。

べて解体したスケルトンからデザイン設計するのと変わらない場合もあるので考えものです。

居抜きで得するか見極めるポイント

別業種がやっていた居抜き物件では、より大きな工事が必要になります。いったん解体するとなると費用も借手の負担になりますから、居抜きが本当に得といえるかどうか、専門家に見てもらってから判断しましょう。

物件選びで得になるかを判断するポイントとしては、次のような点が挙げられます。

- **同業種の業態であるか**
- **水周りなどの設備をそのまま使えるか**
- **内装は、造作を変更せず、仕上げを替えるだけで済むか**

また、開業後に床鳴りや、床の傾きが発生することも考えられるので慎重に検討しましょう。

Questionでわかる ライフリスクへの備え

セラピストとして独立し、サロンを開業すると、自由が手に入る代わりに、自分の身は自分で守るしかない。病気や老後に対する備えを万全にし、経営に全力投入しよう。

Q1 配偶者控除が、これまでの年収103万円から変わると聞きましたが、どう変わるのですか？

A 平成30年からの改正のポイントは２つあります。まず所得税に適用される配偶者控除は、妻の収入が103万円以下の場合、38万円の控除が受けられますが、夫の年収が増えると控除額が減少するようになり、1,220万円を超えると控除額がゼロになります。

また配偶者特別控除は、妻の収入が103万円超150万円以下なら38万円の所得控除が受けられますが、夫の年収が上がるにつれて減り、1,220万円超になると配偶者控除と同様にゼロになります。

ほかにも妻の所得が103万円超になると所得税がかかるなどの変更がありますので、最寄りの税務署で確認ください。

Q2 自営業者でも住宅ローンは組めますか？　著名人でも断られることがあるようですが……。

A 小さな会社の経営者や自営業者の場合、直近3期（３年間）分の確定申告書が黒字であることを条件にしている金融機関が多数です。

そのため、サロン開業から数年内に住宅の購入を考えている人は、税額を減らす目的で決算を赤字にするのは避けてください（前記の条件から、開業して３年間は審査に通りません。現在、サロンの正社員として働いている人は住宅ローンを組んでから退職するのが賢い選択といえます）。

なお、自営業者等に対して、もっとも審査基準が緩やかだと言われているのが、「フラット35」です。3期分の確定申告書を提出する点は同じですが、直近の1期分が黒字であれば、問題ありません。

また、事業融資としての他所からの借入れについては、審査に原則影響しません。金利も標準的ですから、選択肢の１つとして考えてみてもいいでしょう。

Q3 子どもの教育費が心配です。いざというときは、奨学金など簡単に利用できますか？

A もっともよく利用されているのが日本学生支援機構の貸与型奨学金で、家計支持者（父母など）の所得金額が一定以下であれば、申し込めます（たとえば3人世帯の自営業者では、子どもが自宅から私立に通う場合、所得上限は336万円となります）。

今や大学生の50％以上（日本学生支援機構調べ）が何かしらの奨学金を利用している時代ですが、気を付けたいのは、債務者は親でなく、子どもであることです。

大学卒業後、就職するやいなやローンの滞納者となる人は約１割に上ります。連続３カ月滞納すれば、ブラックリスト入りとなり、住宅ローンも組めません。

子どもの将来にリスクを背負わせたくなければ、教育ローンを利用するのがいいでしょう。国（日本政策金融公庫）の教育ローンの場合、子ども1人につき融資限度額350万円、年利1.76％（平成30年2月現在）で借りられます（所得制限あり）。

Q4 個人事業主でも、退職金を積み立てていくような制度はありますか？

A 会社の経営者や個人事業主が事業を廃止したり、退職したりする際に、それまでの積立金に応じた給付金を受け取れます。

月々の掛金は1,000円～7万円の範囲で設定できます。納付月数が20年に満たないと元本割れしますが、毎年確定申告の際に掛金を控除できるため、所得税が減るメリットがあります。

また、本来の目的とは違いますが、「経営セーフティ共済（中小企業倒産防止共済）」も同様の制度として利用できます。こちらは40カ月以上の納付で掛金全額が保証されます。

第4章

居心地のよいサロン空間をデザインする

サロンならではのお店づくりはどう考えればいいのか？
お客さまに満足感を与え、リピートしたくなるような
使いやすい店舗デザインの基本を押さえておこう。

魅力的で低コストなサロンデザインの考え方

ターゲットに合ったインテリアと雰囲気のある内装で、居心地のいいサロン空間をつくりたい

おしゃれにするよりも、お客さまにくつろいでもらうためのデザインにすることが大事。コストを抑えて上手に演出しよう。

顧客ターゲットに好まれるイメージを基本に考える

心と体を癒されたいと、お金や時間をかけるお客さまは、ファッションやインテリアにもこだわりを持っています。そんなお客さまに満足感を与えるには、内装にも工夫が必要です。

インテリアは小物にいたるまで、センスよくまとめたいところですが、**サロンのイメージはターゲットとする客層にふさわしいもの**であることが鉄則です。

たとえば、ターゲットが20代の若い女性のネイルサロンなら、デザインは「ポップでカジュアルな明るい雰囲気」、または「友人の部屋に遊びに来たような、気軽な雰囲気」に。

また高めの年齢層をターゲットにするアロマセラピーサロンなら、「白を基調としたシンプルで上品な雰囲気」、または「アットホームで温かみのある癒し空間」という具合です。

とくに路面店の場合、**開放感や明るさが、サロンの雰囲気に大きく影響**します。たとえば白い光を使えば明るさと清潔感を表し、黄色系の光はやわらかなイメージを表現できます。間接照明なら、さらにやわらかい光をアレンジできます。

また、大きめの窓と高い天井など、癒しサロンとひと目でわかるデザインにしたいところです。ビルやマンションなどで2階以上の場合では、玄関周りにコンセプトを表現する飾りつけをしてもいいでしょう。

居心地のよさを機能面からも追求

施術中はもちろん、施術前後の短い時間、お客さまにくつろいでいただくには、**デザインだけでなく機能面からのアプローチも大切**です。

とくに時間をかけて吟味したいのが、ウェイティングやカウンセリングのためのスペースです。なかでも椅子は、特別感のあるものを選びたいところです。

また、施術中によけいなものや動きがお客さまの目に入らないよう、パーテーションで区切る、動線や道具の配置を工夫するなどの配慮も必要です。

このようなデザインや内装を、設計施工会社に依頼する場合、サロンの実績があるところ

居心地のよいサロンデザイン

機能性重視

デリケートゾーンに施術するサロンであるので、機能性と作業効率を考慮したシンプルなデザイン。商品の飾り棚に変化をつけてアクセントにしている（mars 52ページ）。

大きな窓

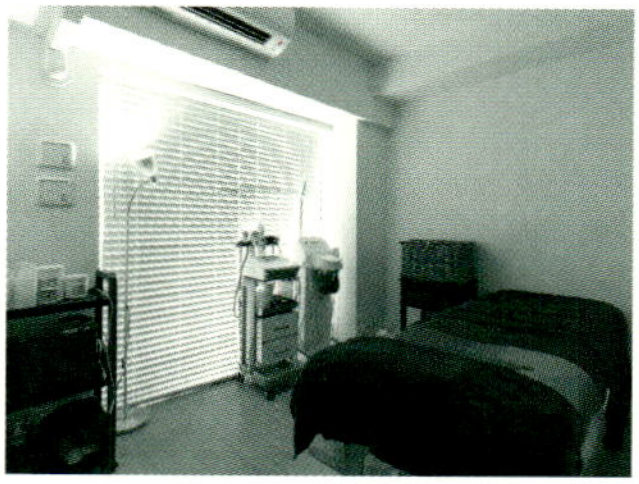

東京・東銀座という一等地にあるマンションながら、大きな窓からの採光性に富んでいる。清潔感のある明るい雰囲気が感じられるサロン（ki.ha.da 34ページ）。

インテリア

タイの王宮をイメージし、サロン内の随所に本格的なインテリアがそろう。ウェイティングスペースのソファが贅沢な気分を演出する（WANDEE 66ページ）。

アジアンテイスト

照明器具やファブリック、チェストなどをはじめ、細かなものまでオーナー好みのアジアンテイストで統一。手持ちのものを生かしている。（prana 58ページ）。

を選びましょう。素人では判断できないようなことをはじめ、過去の実績があればノウハウを蓄積しているはずです。

ちょっとした工夫で初期投資を抑えよう

最初から無理をしてインテリアにお金をかける必要はありません。**開業当初は設備投資や備品を必要最小限度にとどめ、初期費用を抑える**ことが基本です。

サロンでよく見られる内装にも少ない資金で上手に仕上げていることがあります。

一例を挙げれば、白い家具やインテリアに合わせて、リクライニングチェアも同系統のカラーで統一したり、清潔感のあるナチュラルなイメージを感じさせると効果的です。高価なインテリアや家具は、経営が軌道に乗ってから、徐々にそろえていくようにしましょう。

居心地よいサロンは動線と生活感に要注意！

お客さまに好まれる個性的なサロンは、それぞれが演出にも工夫を凝らしている。そこには何かヒントになることがあるはず

マンション、テナントを取得するなら「動線」、自宅を使う場合には「生活感」をいかにクリアするかがポイントになる。

お客さまとスタッフの動線を把握しよう

マンションやテナントを取得する場合、物件の図面を見たり、内見するときには、必ず**「動線」**を確認しましょう。動線とは、人の動きと作業の流れを〝線〟にたとえたもので、効率的に営業するうえで重要になります。

とくに、施術用の個室やブースをつくる場合、お出迎え～着替え～施術～アフターティータイムとその準備～会計～後片付けなどの動きを想定し、お客さまとスタッフができるだけ短く、スムーズに移動できるかどうかをよく検討します。

また自宅サロンの場合は、玄関やトイレ、洗面所などを家族と共有することも多いでしょう。お客さまの動線は通常、玄関～施術場所～トイレ～洗面所となります。**プライベート空間が目に入るのは、家族にとってもお客さまにも避けたい**ところ。パーティションを置くなど、簡単な目隠しは必要ですが、動線を妨げないように注意しましょう。

自宅サロンで気を付けたいポイント

自宅サロンでは、お客さまに居心地よく過ごしていただくために、**あなた自身の普段の生活との切り替えに慣れる**必要もあります。

そこで、どこに気を配るべきかを考えて、対策を決めておきます。次のようなポイントに注意しましょう。

・目隠し

動線を考えると同時に、お客さまの目に留まりやすいのはどこかをチェック。施術室を増築する場合以外は、普段の生活用品をきれいなファブリックで覆ったり、普段使うものを可愛い物で統一しましょう。

・消臭

古い建物で24時間換気システムが設置されていない場合に要注意です。たとえば料理をつくったときのニオイや、家族に喫煙者がいる場合など、生活臭があります。予約のある前日は、焼き魚やにんにく料理はしないなど、少しでもニオイがつくものはしないことです。

・防音

施術室は、戸外の音が聞こえ

自宅サロン「aper」（28ページ）の上手な演出法

リラックス

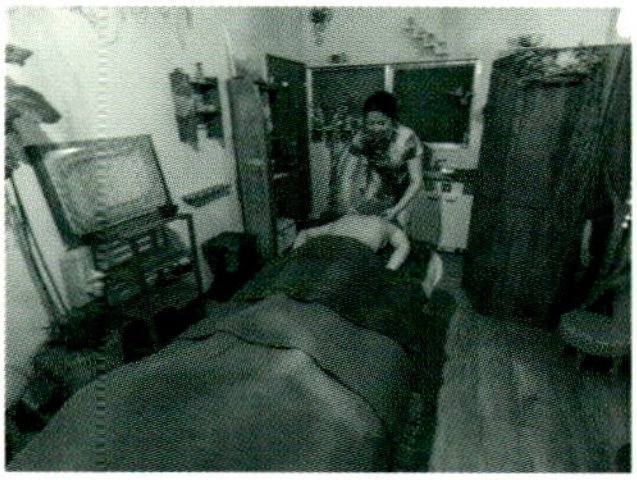

施術に慣れないお客さまほど緊張するもの。内装やインテリア、照明やＢＧＭなどは、お客さまにリラックスしてもらうための演出を。使い方次第で、満足感も高まるはず。

プライベート感

とくに完全予約制ならではのプライベート感は、はじめてのお客さまにも“特別な場所”という満足感を与える。静かな環境をつくり出すことで再来店を促したい。

アプローチ

お客さまの目に最初に触れるだけに、サロンらしい演出で、ワクワク感を盛り上げたい。大きな看板は出さなくても、小さなロゴだけでもサロンであることを表現できる。

非日常感

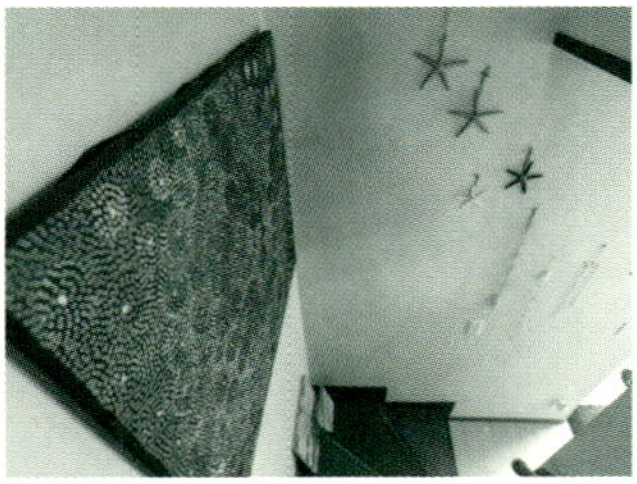

休日や退勤後、パーティー前などにサロンを訪れる人にとって、現実と離れた空間で過ごすことも楽しみの一つ。統一感を徹底し、他店に真似ができない演出をしたい。

てこない場所を選ばないと、非日常感を演出するサロンでは雰囲気を壊してしまいます。施術室のドアに消音テープを貼ったり、ドアクッションを入れたりする方法を考えましょう。

ただし自宅だからこそ、**低価格で気軽に来店してもらえるように、アットホームな雰囲気を演出するなら、あまり神経質にならなくてもよい**かもしれません。お客さまに生活感を感じさせない工夫をするとともに、できるだけ早く、自分なりのサロン経営のリズムを見つけていくことも大事です。

マンションやテナントを借りる場合も同様ですが、大切なのは、限られたスペースで何を優先すべきか考えること。お客さまとスタッフの動線を把握し、居心地のよい環境を考えながら、コンセプトを伝えられるサロンづくりをめざしましょう。

機能と価格が見合った機器や消耗品を選びたい

サロンをはじめるには、高価な設備機器や消耗品、事務用品も必要になってくる。なるべく予算を抑えて、必要なものをそろえよう

さまざまなメーカーや販売会社があるなか、何が必要になり、どうやって選べばいいのかを知っておきたい。

効果が期待できるものを限られた予算内で選ぶ

イオン発生機や超音波、ラジオ波などの美容機器を使うサロンは、手技では限界のある施術以上の効果を期待できます。限られた予算とスペースであっても、**効率的な施術ができるので、顧客数の増加や売上アップも可能**になるのがメリットです。

ただし、数多くの製品のなかから、どんなものを選ぶかは、あなた自身が効果と特徴をきちんと理解し、ほかの機器と比較検討することがポイントです。

とくに設備機器には高価なものもあり、開業費用は大きく変わります。まず何が必要なのかを事前に考え、選ぶときは機能と効果を重視しつつも、なるべく安く入手しましょう。

・設備機器

エステ用ベッドは、クッション性がよく、お客さまに疲れを感じさせないものが理想的です。また、乗り降りしやすい高さ45センチ程度のものや、フェイシャルなどの施術がしやすい60センチ以上の高さで電動昇降できるものもあるので、用途や予算によって選びましょう。

マッサージやネイル用の椅子、施術用のワゴン、タオルを温めるホットキャビネット、スチーマーといった基本的な施術機器は、毎月のコストがいくらかかるのか、機器メーカーに問い合わせること。また**ネット販売で購入する場合、届いてから大きさに驚くことも多いので、サイズの確認は重要**です。

・消耗品

業務用化粧品、シーツ、タオル、コットン、ガーゼ、ローブ、スリッパなどは、注文日に当日出荷してくれるネット販売会社を見つけておくと便利です。一定額以上になると送料がサービスになることもありますが、継続的に費用がかかるうえに、衛生にかかわる大事なものでもあるので、きちんと在庫管理しておきましょう。

・事務用品

予約やコース契約などの事務仕事のために、施術に関連のない事務用品などの費用も計算に入れて資金を準備しましょう。

家庭用でも使えるものとしては、パソコン、プリンター、電話、FAX、デスクなど。すべ

サロンに必要な設備等の価格の目安（例）

設備費用① 多くのサロンで必要なもの

エステ用ベッド 30,000円～	椅子 8,000円～	スチーマー 60,000円～
ホットキャビ、クールキャビ 20,000円～	ドレッサー 25,000円～	

手技で施術を行うサロンで必要になるもの。美容系のサロンや、冬場などに効果を高めるヒートマットを使用する場合は、下記の設備費用を見積もっておこう。

設備費用② サロンによっては必要なもの

イオン導入機 5,000円～	吸引器 50,000円～
複合美顔器 50,000円～	ヒートマット 90,000円～

痩身メニューや脱毛メニューを導入する場合、お手頃価格の機器も増えているが、高額なことには変わりない。経営が軌道に乗ってからの導入を検討してもいい。

てを新しくそろえると結構な金額になるので、中古品やアウトレット品を購入するのもポイントです。

ネット通販を利用する場合の注意点

サロン勤務の経験が短く、はじめての開業となると、業者との接点はあまりないかもしれません。そんな場合、「どこで、どうやって購入するの？」と疑問に思うかもしれませんが、じつは**何でもそろうネット通販が充実**しています。前述のエステ用ベッドをはじめ、サロンに必須の設備をセット販売していることもあるので、必要なものを見極めましょう。

なかにはプロ専用に商材を安く卸している販売会社もあるので、調べてみましょう。高額なものは長期保証してくれるかもポイントになります。

サロンづくりを業者に依頼するときに注意すること

内装やインテリアを業者に任せる際、予算内でいかに実現できるかを考えておこう。あなたのイメージを上手に伝えることも大事になる

まずデザインと設計の違いを知っておくこと。次に、理想とするサロンを実現してくれるプロの探し方を知っておこう。

内装を依頼するなら融通が利くかも大事

内装やデザインを考える際、あなたに「こんなサロンにしたい」というイメージがあるのなら、それを第三者に説明できることが大切になります。そして、設計や施工をプロに任せきらないことが大切です。

まず業者は、得意とする分野や技術、価格は千差万別です。センスや技術も大事ですが、予算より低コストの材料にしたり、スケジュール変更などへの注文を聞いてくれるかどうかも大事です。**高い技術を持っている業者でも、融通は利かない**ということも少なくありません。

好みの業者を探す方法としては、口コミでの紹介のほか、インターネットや雑誌などでリサーチするという方法もあります。

とくにサロンはデザインや雰囲気でオーナーのセンスが判断されますから、業者の店舗設計・デザインに対するセンスが信頼できるか見極めましょう。

店舗の「デザイン」と「設計」の違いとは？

業者を選ぶ前に知っておきたいのが、「設計」「デザイン」「施工（監理）」という各業務内容の違いです。設計、デザインと施工の違いはわかっても、設計とデザインの違いはよくわからないのではないでしょうか。

デザインとは、依頼者のイメージを具体化する作業のことを指します。

たとえば「ハワイ風」と注文したときには、「インテリアはウッドかラタン調にして、木目の壁に白いペンキを塗ったビーチハウス風に……」などと、打ち合わせながら決めていきます。

一方、設計は、内装工事のために構造・材料・工法といった設計図を描くことを意味します。

自宅サロンで、内装を少し変えるだけなら、デザインのみを手がける店舗デザイナーやインテリアコーディネーターに。しかし、間取りを変えるなど**大掛かりな工事が必要な場合は、デザインと設計の両方を手がける店舗デザイナーや建築事務所に頼む**必要があります。

なお、工事については、手配を店舗デザイナーや建築事務所に依頼すればよい場合が中心で

店舗改装業者の役割

設計
建物や部屋の構造や強度を把握し、各種法令に則り、工事に必要な図面（構造、工法など）を描く。間取りを変更する場合などには設計の専門家に依頼する。

デザイン
依頼者のイメージを聞いて、それに必要な材料や製品などを選定。インテリアデザインを具体化する。店内の雰囲気づくりなどには頼りになる存在。

施工・監理
実際に工事を担当する。また、その工程がスケジュール通り、設計通りに行われているかチェックする。工事現場で細かい追加注文に応じてくれることも。

設計士・店舗デザイナーの探し方

- □ お気に入りのサロンや、好きな店舗のオーナーに紹介してもらう。
- □ 同業者やスクール時代の先生や同級生に紹介してもらう。
- □ インターネットなどで見つけたデザイナーや設計士に問い合わせて相談してみる。

業者選びの注意点

1 依頼者の話を聞いてくれるか？
いくらセンスがよくても、業者自身のセンスを押し付けるようでは、自分の理想とするサロンづくりから離れてしまう。当初の予算よりコストを抑えたい場合など、あなたの意見をじっくり聞いてくれるかどうか、慎重に見極めたい。

2 サロンの改装実績があるか？
ちょっとしたレイアウトの違いなどで、お客さまのくつろぎ度やスタッフの作業効率が大きく違ってくる。そのため、デザインや各種工事はサロンの設計・施工に関してそれなりの実績を持つ業者に任せたい。

すが、自分で施工業者を手配することもあります。

自分の内装イメージを事前に用意しておくこと

自分の描いているイメージを、言葉だけで伝えるのは難しいものです。「〇〇風に」と伝えても、そのイメージから思い描くものが、あなたと業者とで一致するとは限らないからです。

イメージをなるべくそのまま伝えるには、写真やイラストを用意するのがよい方法です。雑誌や写真集などから、気に入ったデザインの店舗の内装やインテリアなどの写真をスクラップしておき、「こんなイメージにしたい」と提示するとわかってもらいやすくなります。

お気に入りのサロンの写真を撮るという方法もありますが、その際は必ずサロンの人に許可を取るようにしましょう。

手軽に取り組めるDIYで改装コストを抑えよう

自分で手がけるDIYを行うときに失敗しないための簡単な方法や、着手するまでのポイントを押さえておこう

コストダウンできるうえに、自分の考える内装にできるのがDIYならではの魅力。どこまで自分でできるか知っておこう。

簡単に取り組めるDIYの方法

DIYといっても難しく考えることはありません。壁や天井塗りなど、プロのような仕上りにならなくても、それが味わいになっているケースは多々あります。また理想の家具がないという場合、DIYでそのイメージに近づけることもできます。

それにオープン当初は固定客も少ないので、売上が安定するまで運転資金を多めに残しておく必要があります。その点、**材料費、人件費などがコストダウンできるのがDIYの魅力**です。

実際にDIYを準備するにあたっては、どこまで自分の手で行うかは後にして、まずは内装や店舗デザインを手がける専門業者に相談しましょう。

見積もりは、サロンの顔となる造作家具など、**プロに任せたいものと、自分でできるものに分けて、予算を出してもらいます。**必ず業者に支払うぶんの予算がわかったら、自己資金との差額内で材料を準備しましょう。

たとえばDIYで取り組みやすいポイントとしては、次のようなものが挙げられます。

・壁

塗装する場合、イメージ通りに仕上がるか心配なら、お客さまの目に触れない部分の壁だけ塗って試してみましょう。水で薄めるだけのしっくい風の塗料なら、ムラができても風合いを感じさせます。

なお、もっと簡単な方法として、はがしやすい接着剤を使用した壁クロスなど、**特殊な道具や技術がなくても、きれいに仕上げられる商品も登場**しています。失敗を気にせずに使えるので気軽にチャレンジできます。

・天井

物件によっては天井に細かな凹凸があり、クロスがきれいに貼れないことや、はがれる可能性があるので、塗装することも想定に入れておきましょう。

また、天井や味気ない照明器具を、薄くて軽い素材のシフォン布で隠すという方法も比較的簡単にできます。

DIYの効用とはじめる前の注意点

DIYのもう一つのメリットは、一部でも手づくりすること

DIYに着手するまでの流れ

1 工事内容の洗い出し

店舗デザイン会社に連絡し、工事内容と予算、工事期間の相談を行う。それまでに、物件の図面などを月意し、どこをどのようにしたいのか具体的に提示できるようにしておくこと。気に入った内装の切抜きやカタログなどをスクラップしておくといい。

2 見積もりをもらう

打ち合わせ段階で、開業までに間に合うかどうか、また自分の考える予算で工事が可能かを確認すること。あらかじめ複数の内装会社に声をかけて相見積もりをとるか、費用の折り合いがつかないときは、別の店舗デザイン会社に相談してみること。

3 業者に依頼する

工事費用を検証しながら、業者に依頼するものとＤＩＹできる部分を明確に分ける。とくに注意したい点としては、水周りは漏水などトラブルが起こりやすいので、安全面からもプロに任せたほうが安心できる。電気やガス工事は工事資格が必要になる。

4 DIY に着手

自分だけでできるとは限らないので、仲間に声をかけて協力してもらえるか確認しておこう。大切なのは、工事の安全面を疎かにしないということ。そして、慣れない工事の遅れは開業の遅れにつながることを忘れずに。

ホームセンターは材料を購入するだけでなく、壁塗りやクロス貼りに関してパンフレットやＤＶＤなどが置いてあり、映像で確認できたりするので参考になる、役立つ存在だ。

で**サロンへの愛着が湧き、仕事への取り組み方が変わったり、お客さまとの会話のきっかけになる**ことなども挙げられます。

なお、工事費の見積もりは複数の業者に出してもらうことが大切です。はじめての開業で店舗改装について知識や経験がないと、工事内容に見合った額かどうか判断できないからです。

またマンションの場合、購入済みの自宅であっても、**ほかの居住者と共用する部分は改装できません**（玄関扉の内側や室内側の窓枠などは可能）。

そして、**工事の遅れは無駄な家賃を払うことになるので、十分に進行計画を練る**ことが大事です。短い期間で工事を行うならプロに任せたほうが、やはり安心。体力も必要ですし、単にコスト削減だけを目的にＤＩＹを行うのはトラブルになりかねないので要注意です。

Questionでわかる 小さなサロンの経理

技術が優れているだけでなく、満足感をいかに提供できるかが大事。
経営状況によって、サービスを変更するなど、早め早めに手を打っていくことが大切だ。
それにはまずお金の動きが把握できていなければならず、経理の果たす役割は大きい。

Q1 「経理」ってそんなに大切ですか?

A サロン経営の経験のない人にとって、経理業務といえば、経費精算や給与計算くらいしか思いつかないかもしれません。けれども、経理業務を軽んじて、持続的なサロンの発展はあり得ません。

家計に置き換えれば、そのことがよくわかります。高収入だからといって、散財していれば、お金は貯まりません。逆に収入は少なくても、やりくり上手で、毎月貯金を増やしている人もいます。

サロン経営も同じです。いくら売上を伸ばしても、そのぶん費用がかさめば、思うように利益は残りません。稼ぐだけでなく、無駄な出費を減らす努力も必要です。

また家計にもさまざまな支払いがあるように、サロンの場合も、光熱費や家賃、仕入れ代金などを支払っていかなければなりません。入出金の予定をきちんと把握できていないと、資金ショートの恐れも出てきます。信用を失って、仕入れが難しくなれば、終わりです。

このように「お金の流れ」を把握する以外に、経理にはもう一つ重要な役目があります。それは「税額計算」です。

個人経営の場合、下図のように、消費税以外の税金はすべて自分の所得が税額計算のベースとなります。収入（売上）が同じでも、経費や控除（子どもがいるなどの理由で税金をサービスしてもらえるもの）がどれくらいあるかで、所得は違ってきます。

そのため、経理がずさんで領収証を紛失すれば、そのぶん所得が増え、税額も増えることになります。よく「節税対策」と言いますが、何も特別な対策があるわけではありません。経費にできるものを漏れなく計上するだけの話です。ただし、「経費にできるもの」にはいろいろあって、税務や経理の知識がないと、なかなか取りこぼしなく計上するのは難しくなっているのです。

いずれにしても、経理がずさんでトクをすることは一つもありません。日々、スキルを磨いていきましょう。

《 個人事業主にかかる5つの税金 》

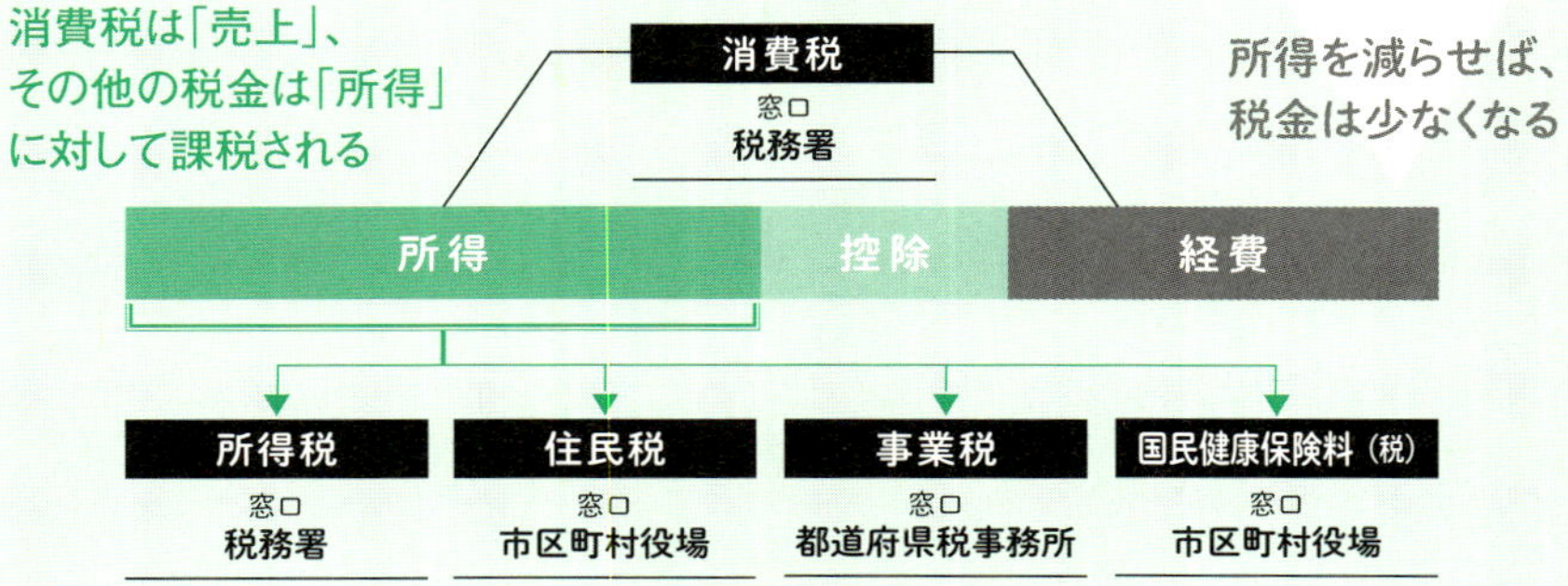
消費税は「売上」、
その他の税金は「所得」
に対して課税される
消費税
窓口
税務署
所得を減らせば、
税金は少なくなる
所得
控除
経費
所得税
窓口
税務署
住民税
窓口
市区町村役場
事業税
窓口
都道府県税事務所
国民健康保険料（税）
窓口
市区町村役場

Q2 確定申告って何ですか？

A 確定申告とは、1月1日～12月31日までに所得のあった人が所得税（および復興特別所得税）の金額を自分で算出し、申告納税（または所得税を納め過ぎている人は還付申告）するものです。

申告書は税務署などで直接入手するか、国税庁のホームページからダウンロードします。通常の提出期間は2月16日から3月15日です（最終日が土、日、祝日にあたる場合は休み明けが期限）。申告後、前記期間内に税金を納めます。

なお、税金の納付書は自分で税務署や所轄の税務署管内の金融機関で入手し、金融機関やコンビニから納付します（振替の手続きを行っている人は、4月中頃に指定した口座から自動で引き落とされます）。

気を付けたいのは提出期限を守ること。遅れても、5年間は申告を受け付けてもらえますが、納めるべき税金があるのに遅れた場合、「延滞税」や「加算税」を課せられてしまうケースもあります（還付の場合は影響ありません）。

また、事業資金や住宅ローンを借り入れる場合、確定申告書の提出を求められますので、その面からも極力期限内に提出するようにしましょう。

Q3 白色申告と青色申告のどちらがおトクですか？

A 確定申告には、白色申告と青色申告の2種類があります（色が名称になっているのは、かつて使用していた用紙の色にちなんで）。さらに同じ白色や青色でも、個人と法人では、内容や提出書類が大きく異なります。

まずは個人の場合で見ていきましょう。白色申告は家計簿レベルの簡単な帳簿付けで済む代わりに、受けられる控除が少なくなっています。一方、青色申告は複式簿記という会計のルールに則った帳簿付けを要求される代わりに、白色にない控除や税金を安くするためのさまざまな特典が用意されています。

青色申告のなかでも魅力的なのは65万円の特別控除です。青色申告にしただけで、誰でも65万円の控除を受けることが可能になります。

たとえば、事業を1年間営み、課税所得が400万円だった場合、白色申告ならこの400万円に対して所得税がかかることになりますが、青色申告ではここからさらに65万円を無条件に差し引いた335万円に対して所得税がかかることになります。もっとわかりやすくいえば、青色申告にしただけで、誰もが65万円ぶんの経費の領収書がもらえるのと同じ効果を得られるということです。

65万円もの領収書を用意するのは簡単なことではありません。仮に1回の接待費が5,000円だとしても、じつに130回ぶんの接待に経費を使ったことにできるわけです。白色に比べていかにおトクかがわかるでしょう。

先ほど、青色申告は特典が多いぶん、白色申告よりも帳簿付けが難しいとお話ししましたが、現実的には会計ソフトを使えば、両者の差はほぼありません（次ページのQ5参照）。白色申告を選んでいいことは何一つないと言ってもいいでしょう。

ただし、青色申告を行うためには、「所得税の青色申告承認申請書」の提出が必要です。提出期限は決まっていて、1月1日から15日までに個人事業を開始した人は3月15日まで。1月16日以降に開始した人は、開業日から2カ月以内。いずれも期限を過ぎた場合はその年の確定申告は白色申告となり、青色申告できるようになるのは、その翌年からになります。

なお、法人の場合、青色申告が一般的です。受けられる特典の数は個人ほど多くありません。白色申告については、申告が2期連続で期限に間に合わなかった場合に適用されるなど、ペナルティ的な色合いが濃くなっています。提出しなければならない書類等も、青色申告と原則変わりません。

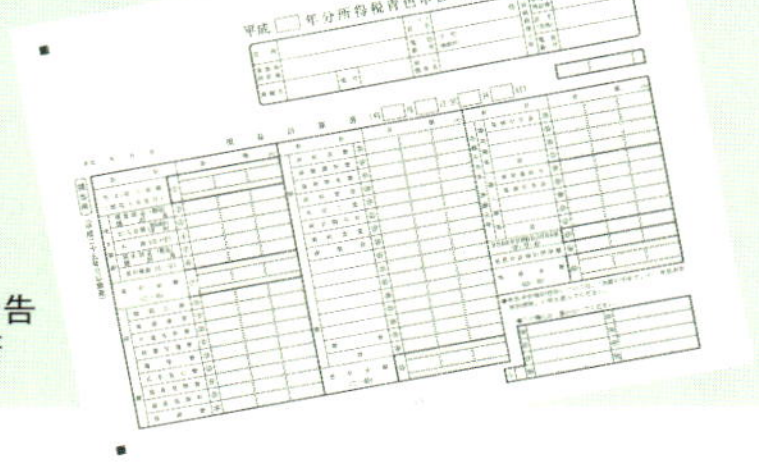

青色申告
決算書

Q4 税理士に頼んだほうがいいですか?

A 法人の場合、確定申告書や決算書以外に提出しなければならない書類が多く、内容的にも専門的な知識が必要とされるため、税理士に協力を求めるのがベストです。

一方、個人の場合、日々の経理から確定申告まで、独力で済ませている人も少なくありません。参考図書と会計ソフトがあれば、乗り越えられないハードルではないでしょう。初年度さえ乗り切ってしまえば、翌年からは基本的に同じ作業の繰り返しになるため、負担はぐっと軽くなります。

仮に個人が税理士に頼んだ場合、お店の売上規模にもよりますが、毎月顧問料として1万～3万円くらいかかるのが相場です。このほかに、決算申告の費用として、15万～25万円程度かかるところが多いようです。

どこまで頼めるかは、税理士によります。領収証のデータ入力から請け負うところもあれば、日々の経理については指導メインのところもあります。そのため、決算申告だけを税理士に依頼する人もいます（対応していない税理士もいます）。

節税対策が必要になるほど儲けが出ていれば話は別ですが、開業当初は月に1万円でも惜しいものです。売上が少なければ、経理作業も楽ですから、税理士に依頼するにしても、様子を見ながらで構わないでしょう。

疑問や相談事が出てきたときは、税務署がもっとも頼りになります。「厳しい」「怖い」というイメージがあるかもしれませんが、税務署は税金を納めてくる人にはやさしく対応してくれます。計算等の間違いにも寛容で、意図的な脱税でなければ大いに力になってくれるでしょう。

また、税務署区域ごとの青色申告会も頼りになる存在です。青色申告会は、個人事業主を中心とした納税者団体で、月額1,000～2,000円程度の会費で、帳簿の付け方から申告書の書き方まで相談に乗ってもらえます。

Q5 会計ソフトは使ったほうがいいですか?

A 使ったほうが間違いなくいいでしょう。会計ソフトは手書きの帳簿をそっくり画面に移したものです。売上帳や買掛帳など、一般に5～7種類前後の帳簿を付ける必要があるのですが、会計ソフトの利点は1つの帳簿に入力すると、関連するすべての帳簿に自動で転記してくれる点です。さらに決算書や確定申告書の作成までクリック1つで完了することができます。

会計ソフトはパソコンにソフトを入れる「インストール型」と、Webなどを介して行われる「クラウド型」に大別されます。OSや時と場所を選ばないクラウド型が便利ですが、税理士によって対応してもらえないこともあります。

ただ、今から会計ソフトを導入するなら、クラウド型のほうがおすすめでしょう。現在、人気のあるのは、『freee』『MF クラウド確定申告』『やよいの青色申告オンライン』（個人向けの場合）の3つです。クラウド型は、使い勝手やサービスが日々アップデートされるため、各ソフトについての寸評は控えますが、たいていはお試し期間があるので、試してみて、相性のいいものを選ぶといいでしょう。

とはいえ、あまり普及していないソフトは避けるほうが無難です。ある日、突然サービスが打ち切りになる可能性もあるからです。また、身近に同じソフトを使っている人がいると、困ったときに相談に乗ってもらえるので、心強いでしょう。

おもな個人事業主向け「クラウド型」会計ソフト（2018年2月2日現在）※税込価格

名称	freee		MFクラウド確定申告		やよいの青色申告オンライン	
	スターター	スタンダード	フリープラン	ベーシックプラン	セルフプラン	ベーシックプラン
月額利用料	1,058円 ※年額プランは割引あり	2,138円 ※年額プランは割引あり	無料	864円 ※年額プランは割引あり	720円 ※初年度無料	1,080円 ※初年度無料
無料お試し期間	30日間		30日間		1年間	1年間
サポート	チャット メール	チャット メール(優先)	チャット メール ※登録から30日間のみ	チャット メール	なし	メール 電話サポート
消費税申告	×	○	集計機能のみ		○	○
データエクスポート	○	○	×	○	○	○

第5章

効果テキメン！的を絞った集客プランのつくり方

お客さまにリピートしてもらうためには、施術が優れているだけでは不十分。
料金以上の満足感があるからこそ、お客さまが集まってくれる。
そんなサロンは、経営面での戦略を知ってこそ実現できる。

売上分析を行い お客さまのニーズを把握

売上高や顧客の記録をつけておくと経営に役立つ情報とヒントが見えてくる。冷静に売上を分析し、リピートされるサロンをめざそう

開業後すぐに軌道に乗るサロンは多くない。集客や売上に困ったときのために、少しでも早く経営を安定させるポイントを押さえておこう。

売上分析を行い 売れ筋と顧客層を把握

「開業前に収支計画を立てたけれど、いざ営業をはじめると思いどおりにいかないことも多い」というサロンオーナーは少なくありません。お客さまは期待したほど来店せず、売上目標に届かないことは珍しくないのです。

サロンに限りませんが、新規開業したお店が地元に定着するまでには1年くらいかかるのが通常です。

ですからサロン経営では、**開業してからの軌道修正が重要になります。運転資金が残っているうちに、少なくとも月1回の売上分析を行い、売上データとして残しましょう。**

たとえば、来店客の多い曜日や時間帯は予想どおりかのチェック。また施術メニューや物販品の売上高などを算出します。

さらに、どんなお客さまが多く、どんなサービスが求められているのかをつかみます。施術メニューや価格、接客マナー、営業時間と定休日などを冷静に分析すれば、見直しを図るべき点が見えてくるはずです。

分析内容は、軌道修正後の運営に反映させ、販売力のあるサロンをめざしましょう。

顧客データを蓄積し サービスと売上向上を図る

売上データとともに作成したいのが顧客データです。お客さまをより理解するのに役立つ、居住エリアや職業、年齢などの個人的な情報は、サロン内での会話を通して自然に聞き出しましょう。

顧客データが増えると、どのエリアから来店するお客さまが多いのかがわかり、その周辺エリアに絞って広告を打つことなども可能になります。

また、顧客データがあれば、お礼状やバースデーカードを送るなど、**サロンとお客さまとの関係を近づけるアクションを起こすことも可能**になります。

顧客名を五十音順で管理し、いつ、どんな施術を行ったのか、どんな悩みを持っているのかなどの記録も蓄積しましょう。

お客さまの情報を 共有できるメリット

お客さまと接する時間が長い

売上向上のためのアクション（例）

STEP 1
来客数を増やす（新規客の獲得）
◎チラシ、フライヤーなどを作成し、来店者の少ないエリアにポスティングする
◎ブログやメルマガ、SNS で情報を発信する

STEP 2
客単価を上げる
◎ブライダルプランなど継続するコースをつくる。季節ごとに物販品のフェアを行う
◎ HP に「お客さまの声」を紹介し、選ばれるサロンであることをアピール

STEP 3
来店回数を増やす（リピーターの獲得）
◎誕生日にはバースデーカードを送り、お祝いする
◎回数券、ポイントカードをつくったり、割引優待券を送る

STEP 4
リピーター客への感謝を表す
◎礼状や、お中元・お歳暮を贈る
◎イベントやセミナーを開催し、お客さま同士の交流を図る

お客さまに選ばれるサロンの基準は「技術・立地・価格」。売上記録と顧客データを見て、3つの基準のうち自サロンのどこに魅力を感じているのかを考えよう。お客さま一人ひとりの来店動機を把握し、その期待を裏切らないことが大事。

サロンや、固定客が中心の自宅サロンでは、一度来店しただけのお客さままでも覚えることは難しくありません。しかし、「データ化しなくても、頭に入っているから大丈夫」と考えるのは禁物です。

客観的にデータ化して俯瞰することで気がつくことも多いのです。また、お客さまの好みが変わったり、スタッフが増えて情報を共有するためにデータ化しようとしても、**顧客数が多いと時間も手間もかかり、かえって余分な仕事が増えてしまいます。**開業後は忙しいので面倒に思えるかもしれませんが、はじめから習慣化しておくのが基本です。

家族や趣味の話など、細かなこともメモしておくことで、お客さまに「自分のことをちゃんと覚えてくれている」という好印象を与えることもできます。

スタッフの技術向上、接客対応はサロンの命綱

お客さまは、あなたもスタッフも区別しない。質の悪い施術や対応は、そのまま低評価に……。スタッフの採用はサロンの存続にかかわる一大事！

スタッフを採用する場合、施術スキルやコミュニケーション力、あなたとの相性など、注意すべき点を押さえておきたい。

スタッフ採用時の3つのポイント

開業後に軌道に乗れば、スタッフを採用しようと考える人も多いでしょう。しかし、サロンに技術や態度の悪いスタッフが1人でもいれば、そのお店の客足は遠のいていきます。**スタッフ採用はサロンの存続にかかわることですから、慎重に行わなければいけません。**

では、どんなポイントに注意すればいいでしょうか？

それは第一に、当然ですが施術のスキルです。1000円均一のヘアカット専門店ですら、腕の悪いお店を利用する人はいません。客単価が数千円もするサロンならなおさらでしょう。お客さまの期待に沿うだけの見返りが求められます。

2つめのポイントは、**お客さま一人ひとりに合わせた対応ができる**ことです。明るさや礼儀も大事ですが、なかには明る過ぎるスタッフを苦手とする人もいますし、礼儀ばかりに重点をおくと堅苦しい印象を与えます。ですから、お客さま個々の人柄や好みを素早く察し、相応の対応ができる本当のコミュニケーション能力が大切になります。

そして3つめは、あなたと相性がよいことも大事です。狭いスペースで、ほぼ毎日顔を合わせるのですから、腕がよくても一緒にいることがストレスになる相手は避けるべきです。

マニュアルを作成しスタッフのレベルを保つ

サロンの施術レベルは、オーナーを含めてスタッフによってバラつきがあったり、施術のスタイルが異なったりするのは好ましくありません。基本的なサービスについては、均一に高いレベルに保つことが、お客さまの安心感につながります。

サービスや意思の統一を図るため、「接客」「施術」「アフターフォロー」などをテーマに、**簡単なマニュアルを作成し、共有できるようにしておく**といいでしょう。

作成するときの注意点は、あまり細かくルールを決めないことです。大事なポイントのみをまとめ、あとはスタッフの個性を生かせるようにしましょう。

接客の流れとマニュアル作成のポイント（例）

1 ご挨拶・お出迎え

◎ご挨拶の言葉やお出迎えする場所などを決めておくと統一がとれる。また、エントランスからカウンセリングルームなどへ速やかに案内する手順を決めておく。

◎新規客への対応方法を決めておく。カウンセリングシートへの記入、施術内容と料金システムの紹介などの説明方法を決めておく。

2 オーダーを受ける・店内誘導

◎お客さまの要望を聞くコツや予約内容の確認、オーダーを受ける際のルールなどを決めておく。ティーサービスやメニュー表を提示するタイミングでは、手際よく運ぶように留意すること。

◎カウンセリング後、施術する場所への誘導の仕方や、その際の接客内容などを決めておく。

3 施術

◎オーダーの再確認、施術内容についての説明など、施術をはじめる前にすべきことをまとめる。また、施術のオペレーションについて統一を図る。

◎会話を楽しみたいお客さまもいれば、静かに落ち着いて過ごしたい人もいる。それぞれどのように対応するか方針を決めておく。

施術の手順としてはほかにも、スタッフの指名、タオルワーク、プライベートな会話の対応方法なども決めておきたい。

4 施術後・会計

◎施術に漏れがないかなど、施術終了時の確認事項を決めておく。その日の感想を聞くか聞かないか、お茶などの飲み物を出すか、またその出し方などについて統一する。

◎会計時の説明手順や見送り方などもマニュアル化し、どのお客さまに対しても均一のサービスを提供できるようにする。

不測の事態に備えて頼りになるスタッフを確保

自分一人で切り盛りするサロンでも、不測の事態に対しての備えをしておきたいものです。

たとえば、数週間先まで予約が埋まっている状態でインフルエンザに感染した場合などは、発症後1週間程度は他人との接触を避けなければなりません。

急な休業で予約客に迷惑をかけるだけでなく、それを機に他店に流れてしまうことも十分考えられ、大ピンチです。万一、急に都合が悪くなったときに協力してくれる人を確保しておきたいものです。

現在、あなたがスクールに通っているのなら、仲間と助け合えるような関係を築いておくとよいでしょう。同じスクールの出身者なら、施術法も近いのでより信頼できるはずです。

リピーター獲得は継続課金でお得感を出す

経営を安定させるには、リピーターのお客さまに定着してもらうことが大事。
サロン側とお客さま側の双方にお得なシステムとは？

売上を上げるためには客単価を上げる方法もあるが、継続課金というシステムも。お客さまに定着してもらうために有効な方法を覚えておこう。

メンテナンスの推進でお客さまにメリットを

サロンの経営はリピーターのお客さまをどれだけ獲得できるかがカギになります。新規のお客さまに頼るばかりでは集客コストがかかるばかりで、売上が立ちません。一方、**リピーターは単価が高い傾向にあり、利益を生みやすい**だけでなく、口コミや紹介で新しいお客さまを連れてきてくれます。

　そこで覚えておきたいのは、お客さまに身体の「メンテナンス」をおすすめすること。お客さまの身体の悩みを解消したら、再び同じような不調を起こさないためにも、定期的に予防していくこと――メンテナンスが有効であることを知ってもらいましょう。

　このメンテナンスのおすすめが、お客さまに浸透し安定すれば、効果が見えやすく、リピーターは確実に増えていきます。そして、今までよりも少ないお客さまの数で経営が安定するはずです。**深刻なケアが必要ではないお客さまが定期的に一定数見込めると、経営効率をアップできる**からです。

　さらに、このメンテナンスをおすすめするのと同時に、定額制のほうがお得になることをお伝えしてみましょう。1回の施術にかかる費用は安くなるので、サロンに通いやすくなることをしっかりと説明します。

　また、お客さまがお帰りの際、「次回○月○日までに来店されると特典がつく」ことなどをお伝えします。そうすれば、お客さまもお得にサロンを利用することができますし、双方にとってメリットになります。

継続課金システムで経営を安定させる

　近年、さまざまな業界でリピーター獲得のために導入されることの多いのが、**「サブスクリプション」（定額制、月額課金）という、一定期間の利用に対して代金を支払うシステム**です。

　たとえばレストランなら、お客さま側は一定額を支払えば、食べ放題になってお得感を得られますし、お店側は売上が見込めるうえに、新規客を固定客にできるチャンスとなります。

　美容業界でも、初回来店から

継続課金とリピート化による効果

●継続課金の効果

通常料金

5,000円 × 6 ＝ 30,000円

↓

継続課金を導入

4,000円 × 12 ＝ 48,000円

18,000円up!

1人のお客さまの年間売上が18,000円アップ！　客単価を上げずに売上をアップできるうえに、お客さまに少しでも多く来店してもらうチャンスに。

期待できる効果

継続課金のお客さまに満足してもらい、リピートにつなげよう。

◎**1回の施術料金が安く、お客さまにお得感を感じてもらえる**

◎**来店回数が増え、コミュニケーションを深めれば、定着してもらえるチャンス**

◎**売上の見込みが立ち、経営が安定する**

1カ月間何度でもトリートメントを無料で利用できるというサービスも登場しています。

たとえば、トラブルを抱えたときにしか来ないお客さまが2カ月に1回来店する場合、年間の売上額は5000円×6＝30000円ですが、サブスクリプションを導入して、料金を1000円下げても4000円×12＝48000円と大幅にアップします。

年間を通して毎月1回以上来るお客さまは少ないなか、**開業からまもないサロンで固定客が少なくても経営が安定しやすい**方法といえます。

1人当たりの1回の施術料を月額課金にして少し下げて、来店しやすくすること。それと同時にコミュニケーションをより深めていけば、お客さまを定着させる確率を高めることができるというわけです。

クーポン雑誌やサイトは本当に有効な集客方法？

多くのサロンが利用するクーポンサイトは、開業当初の固定客が少ないうちは有効だが、大きなデメリットがあることも知っておきたい

見込み客の集客には向いているが、リピートしてくれるかが問題。自サロンのターゲットを絞って集客しよう。

集客はターゲットを絞って効率的に行うのが基本

お客さまがサロンを利用する動機は、大きく2つに分けられます。まず「安ければどこでもいい」と思っているお客さまです。初回割引などが目当てで、1回きりの来店で終わるのが普通です。

もう一つは、「高くても信頼できる、腕のよいサロン」が目当てのお客さまです。長く通えるサロンを探しているので、気に入ってもらえれば定着する可能性が高くなります。

当然、集客する際は、後者のお客さまに狙いを絞って行うのが効果的です。

集客ができないサロンその理由とは？

そもそもリピートしてくれないお客さまを集客しているようでは、無駄なコストになります。ですから、まず自サロンの方向性を明確にしておく必要があります。なかでも重要なのは次の2点です。

・どんなお客さまのためのサロンなのか？
・どのような効果のあるサロンなのか？

これらがはっきりしていないと、集客の面でもターゲットを絞れずに無駄が多くなります。コンセプト設計に立ち返って再確認できるようにしましょう。

とくに自宅サロンをはじめる場合に気を付けたい点ですが、集客ができない、おもな理由をみてみましょう。

①ターゲット層が不明確
②他のサロンとの差別化ができていない
③ターゲットに届いていない
④サロンの認知度が低い

ホームページやチラシなど、どんな媒体で集客を図るにも、これらを解決しておく必要もあります。

人気のクーポンサイトは必ずしも有効ではない

お客さまの目に留まりやすい大手クーポンサイトやポータルサイトは、掲載しないよりはしたほうがメリットはありますが、多くのサロンが陥りがちな落とし穴に注意が必要です。

美容院や癒しサロン、ネイルサロンなどに特化したサイトな

おもなPR方法と費用の目安

ホームページ・SNSなど

パソコンと知識があれば自分でも作成できるが、デザイン面の印象が集客に大きく影響するので、Webデザイナーなどへの依頼も検討。スマホからの閲覧も念頭に置いたつくりにしておきたい。

費用の目安
プロに作成を依頼した場合、ページ数にもよるが10万円程度〜。

フリーペーパー・検索サイト

フリーペーパーへの広告掲載やサロン専門の検索サイトへの登録は集客に有効な手段だが、競合店も数多いので目立つような工夫が必要。コピーなども業者任せにせず、要望をきちんと伝えよう。

費用の目安
フリーペーパー、サロン専門の検索サイトとも、小さい枠なら3万円程度から。

チラシ・DM

店頭での配布だけでなく、近隣の美容室、飲食店などと互いにチラシを置き合うなど、協力関係も築こう。DMはリピーターの獲得には有効。ひと言手書きコメントを添えると、親近感がアップ。

費用の目安
チラシは格安業者なら100枚で1万円程度〜。DMは100人に発送して郵送費込みで約6万円。

ご近所への挨拶・口コミ

業種を問わず、近隣のお店などにも挨拶しておくとよい。エリア情報が聞けたり、ショップカードを置いてくれるかも。また、知人にブログでの紹介を依頼するなど、口コミで広まるような努力も必要。

費用の目安
費用はかからないが、ブログなどで紹介してもらった場合、簡単なお礼の検討を。

ので、見込み客が集まるのは確かですし、一見効率がよいと思うでしょうが、次のようなデメリットも多いのです。

- **無料プランでは露出が少ない**
- **競合店も数多く表示されるため、目立たせるには有料プランを使わないと厳しい**
- **掲載料や有料プラン（1万円程度〜）は負担が大きい**
- **差別化を図るために低価格競争から抜け出せなくなる**
- **初回特典を求め、転々とサロンを変える「クーポンキラー」に悩まされる**

　これらのデメリットを回避し、見込み客から新規客、リピート客、優良客にランクアップしてもらうには、やはり自店の集客力が必要です。集客プランとしては、キャンペーンを行うだけでなく、地域密着系のサロンなら、上の図のようなチラシ作成などの方法が有効です。

接客に集中できる会計業務の簡素化アプリ

お会計から売上・在庫管理まで、経営に役立つ機能が無料で導入できるキャッシュレスレジのメリットとは

キャッシュレスレジ導入による最大のメリットは現金を扱う手間を省ける点。そのほかにもメリットが多いので要注目！

タブレット端末利用でコストカット

最近、飲食店や小売店などでよく見かけるのが、レジスターを置かずにiPadなどのタブレット端末を使ってキャッシュレスで会計を行うスタイルです。

少人数で切り盛りすることの多いサロンでも見逃せない機能が充実しているので、導入を検討してみましょう。

現金による会計は、釣り銭の準備や売上金の入金、閉店後のレジ締め作業など手間と時間がかかります。また、レジ打ちの誤操作などによるマイナス金の発生や、店内に金庫があれば現金保管にも気を遣います。とくに一人で切り盛りする場合、負担は重くなりがちです。

その点、スマートフォンで簡単に決済できるキャッシュレスレジを導入すれば、現金の取り扱いを最小限にできるのです。

また、高額なレジスターを買わなくてよいので**初期投資を抑えられるうえに、大型のレジスターを設置する場所も必要ないのでスペースを有効活用できる**というメリットもあります。

複数のレジアプリが開発されているので、使いやすそうなものを選んでタブレット端末にダウンロードするだけという導入の容易さも便利です。

代表的なアプリとしては「Airレジ」「スクエア」「ユビレジ」などがありますが、いずれも**ダウンロードは無料。月額使用料もかからない場合がほとんど。**メールや電話でのサポート体制も充実しています。

カードリーダーやレシートプリンター、現金払いのお客さま用にキャッシュドロア（現金を収納するトレイ）などの周辺機器の購入は必要になりますが、レジアプリの比較サイトなども多数あるので参考にするといいでしょう。

売上や在庫管理、棚卸しも無料アプリで対応可能

レジアプリ導入のメリットはキャッシュレス化とともに、売上金額の管理などが簡単にできる点です。

商品の金額をあらかじめ設定しておけば入力ミスも防げますし、メニューの追加や価格改定も簡単。閉店後の締め作業にか

キャッシュレスレジ導入による最大のメリット

Merit 1

現金出納を簡略化する

専用アプリをダウンロードするだけで、キャッシュレスレジのシステムが導入できる。売上金の管理、閉店後のレジ締め作業など、現金の取り扱いが最小限に。

Merit 2

ランニングコストを低減する

専用アプリのダウンロードは無料。販売や会計にかかるコスト削減になり、月額使用料もかからない場合がほとんど。メールや電話でのサポート体制も充実している。

Merit 3

混雑時のミスをなくす

会計がスピーディになり、お客さまにも喜ばれる。また、レジ打ちの誤操作によるマイナス金の発生などのミスが防げる。メニューの追加や価格改定をした際の変更も簡単。

Merit 4

初期投資を抑える

高額なレジスターを購入する必要がないので、初期投資を抑えられる。また、狭い場所にも設置することができるので、狭いスペースの有効活用に最適。

Merit 5

データ管理を一元化する

売上高の集計機能を活用できるので、メニュー改定や価格設定時に便利。また、商品管理や在庫管理機能付きのタイプもあり、棚卸しまで可能。

タブレットにダウンロードすれば、お客さまは腰掛けたままで会計が完了。リーダーやレシートプリンター、キャッシュドロアなどの購入は必要になるので注意しよう。

ける時間も短縮できます。

どんな商品が、何時ごろに、どれぐらい売れたのかといったデータも集計してくれるので、**メニュー改定や価格設定の資料**にも便利。また**商品管理や在庫管理機能**がついているタイプなら、**小規模店舗では棚卸しまで**可能になる場合もあります。

データはクラウドで管理されるので、自分が店舗にいなくても、たとえば自宅にいても閲覧が可能になり、予約の空き状況の把握や売上もオンタイムで確認できます。それ以外にも、**スタッフの出退勤やシフトの管理も専用のアプリ**があり、カレンダーアプリを使えば発注スケジュールの管理もできます。

故障時も、タブレット端末ならとりあえず手持ちの機器で代用できるなど、臨機応変な対応が可能。導入コストも安いので、検討してみるといいでしょう。

Questionでわかる 開業したら届け出ること

サロンをはじめると必要になるのが開業届。
まず記入用紙を手に入れ、必要項目を記入したら、最寄りの税務署へ提出しよう。
書き方も簡単で、手数料もかからないので、後回しにしないこと。

Q1 サロンをはじめるときの届け出はどうすればいいのですか？

A 個人事業主としてサロンを開業する場合、賃貸物件あるいは自宅、出張、レンタルスペースなど、店舗の形態や事業規模にかかわらず、開業届の提出が必要です。

開業届は、正式には「個人事業の開業・廃業等届出書」といいます。最寄りの税務署に用紙をもらいに行くか、国税庁のホームページからダウンロードし、プリントアウトして記入します。記入した用紙は税務署の窓口に持参、または郵送してもOKです。

提出期限は、その事業をはじめたときから数えて1カ月以内です。遅れないように、早めに手続きしましょう。

用紙に記入するのは、住所や事業内容など、簡単なものですが、国税庁のホームページ（www.nta.go.jp/）に書き方があるので参考にしてください。

なお開業届は、銀行融資や補助金の申請時などに提出を求められることがあるので、あらかじめ2部作成するかコピーしておき、どちらにも税務署の受領印をもらい、1部を自分用の控えとして保管しておくと安心です。

＊

開業届を提出したら、個人の収支と分けるためにサロン専用の銀行口座を開くといいでしょう（前述のように開業届の控えが必要になります）。確定申告のときに手間がかからないうえに帳簿付けもラクにできます。自宅で副業的に行う場合には、個人の口座を事業用として利用してもいいでしょう。

また、開業届と併せて提出しておきたいのが、「所得税の青色申告承認申請書」です。青色申告とは確定申告の際に税金が安くなる制度のことです（143ページ参照）。はじめての税務署は不安があるかもしれませんが、実際は職員が書類をチェックして、その場で受付印を押されて終了となります。

なおサロンのうち次ページで説明する、アイラッシュやまつげエクステサロンに関しては、営業を許可してもらうのに保健所への「美容所開設届」が必要になります。

といっても、サロンはお客さまの身体に直接触れるのが仕事ですから、やはり衛生面での自主管理は必要です。

平成22年、厚生労働省より「ネイルサロンにおける衛生管理に関する指針」が発表されています。これは当時、つけ爪に関する健康被害が多数生じたことから、ネイルサロンに関する衛生の確保・向上を目的として定められたものです。

この指針では、設備や器具の管理、消毒方法などについて示されています。行政機関から監督されることはありませんが、自分自身で衛生面に気を配りましょう。

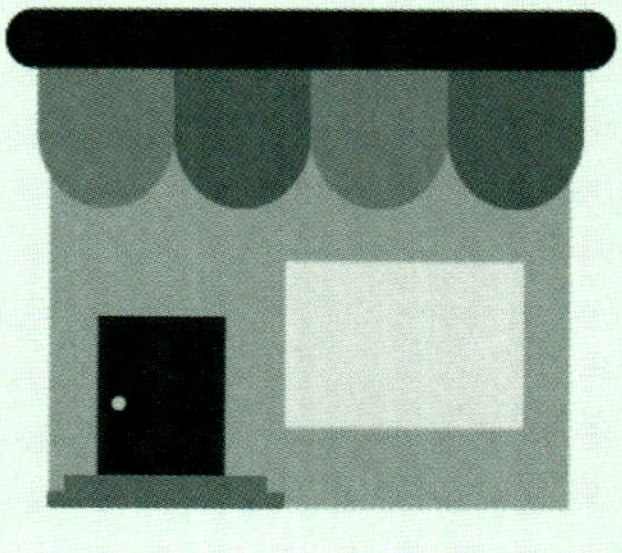

Q2 美容所開設届について教えてもらえますか？

A 目元というデリケートな部分に施術をするサロンでは、接着剤や器具の刺激、施術者の技術によって危害が発生しやすいため、細心の注意が必要です。そのためアイラッシュやまつげエクステサロンをはじめる場合、美容所の開設が必要になり、美容師法の規定により各機関への届け出が必要になります。

そこで、まず保健所に「美容所開設届」を提出します。構造施設が保健所の定めた設備基準に適合していなければ許可されないので注意しましょう。美容所開設届には、以下の添付書類が必要になります。

- 施設の概要と平面図、付近の見取り図
- 従業員名簿
- 医師の診断書（結核、皮膚疾患について記載したもので、発行後３カ月以内）
- 美容師免許（スタッフ全員のもの）
- 手数料（各都道府県の規定による。東京都は24,000円）

また、サロンを開く物件の構造施設が、次のような基準を満たしているかどうか、保健所の検査を受けなければいけません。

- 作業所の面積：13㎡以上の有効面積の作業室が必要。また、お客さまの待合スペース、従業員数に応じた休憩室の設置も必要。
- 作業室の面積と作業椅子の台数のバランス：作業室13㎡に対し、作業椅子を６台まで設置できる。７台以上は１台につき作業室面積を３㎡増やす必要がある（待合スペースもこれに応じて面積を増やす）。
- 施設の構造：外部と完全に区分された、昆虫などの侵入を防止できる構造（畳、カーペット、ふすま、障子は使用できない）。

そのほかのチェックポイントとしては、照明の明るさや消毒器具の設置、サロン内の換気、薬品の機材等格納設備の設置などがあります。物件を借りる際には、これらのポイントをクリアできるか確認しましょう。

営業許可書を取得するまで

準備

届け出をする前に、スタッフ全員が美容師の有資格者であることが必要になる。保健所から許可が下りなければ開業できないので忘れずに。

1 事前相談

営業許可を受けるには、店内の構造や設備が決められた基準を満たす必要がある。設計段階から図面などを管轄する保健所に持参し、相談しよう。

2 申請書類の提出

お店の完成予定日の10日くらい前までに、申請書類を保健所に提出する。申請書類は「営業許可申請書」「設備の大要・配置図」、美容師の資格を証明するものなど。

3 確認検査

お店の構造や設備が書類通りになっているか、また施設基準に合致しているかを保健所の担当者が確認する。施設基準をクリアできなかった点については改善し、再検査を受ける。

4 許可証の交付

施設基準をクリアしても、営業許可証をもらえるまでは数日かかる。交付予定日になったら、保健所の窓口で営業許可証の交付を受ける。

営業許可取得後に必要な手続き

許可取得後にも、以下のような手続きが必要。怠ると営業が続けられなくなることも。

●更新手続
- 営業許可の有効期限の満了日までに行うこと

●変更手続
- 営業許可書の記載事項に変更がある場合
- 美容師免許取得者に変更があった場合

STAFF／企画・編集：Business Train（株式会社ノート）
編集協力：小寺賢一・永峰英太郎・三浦顕子・坂東聡子・米本弘美
撮影：坂田隆・坂垣貴幸・泉澤徹
カバー・本文デザイン：野村道子（ビーニーズ）
図版作成・DTP：椛澤重実（ディーライズ）
イラスト：佐藤隆志（店舗）・ますこひかり（P2〜7、P80、第2章〜第5章、カバー）

【著者紹介】
Business Train（株式会社ノート）
起業・開業・ビジネス分野のコンテンツ制作から支援まで行うエキスパート集団。小さな会社やお店の取材は500件を超え、現場から抽出した実践重視の解説で高い評価を得ている。著書に『小さなカフェのはじめ方』（河出書房新社）、『はじめてでもうまくいく！ 飲食店の始め方・育て方』（技術評論社）、『小さな会社 社長が知っておきたいお金の実務』（実務教育出版）、『フリーランス・個人事業の青色申告スタートブック改訂5版』（ダイヤモンド社）、また主要メンバーの編集協力作品に『お店やろうよ！ シリーズ①〜㉗』（技術評論社）など多数。
問い合わせ先：info@note-tokyo.com

本書の内容に関するお問い合わせは、お手紙かメール（jitsuyou@kawade.co.jp）にて承ります。恐縮ですが、お電話でのお問い合わせはご遠慮くださいますようお願いいたします。

※本書の内容につきましては、2018年5月現在の情報に基づいて編集しております。価格、メニュー内容などは変動することがありますのでご注意ください。なお本書に記載されている内容につきましては、将来予告なしに変更されることがあります。

小さなサロンのはじめ方
〜必ず成功する! お店開業実用BOOK〜

2018年7月20日　初版印刷
2018年7月30日　初版発行

著者　Business Train（株式会社ノート）

発行者　小野寺優
発行所　株式会社河出書房新社
〒151-0051 東京都渋谷区千駄ヶ谷2-32-2
電話　03-3404-1201（営業）
　　　03-3404-8611（編集）
http://www.kawade.co.jp/

印刷・製本　三松堂株式会社

Printed in Japan　ISBN978-4-309-28687-7